Josef Kausemann
Simson, Richter in Israel

W0077030

Josef Kausemann

SIMSON

Richter in Israel

CIP-Titelaufnahme der Deutschen Bibliothek

Kausemann, Josef:
Simson: Richter in Israel / Josef Kausemann. — Dillenburg:
Christl. Verl.-Ges., 1989
  ISBN 3-921 292-88-3

© Copyright 1989 Christliche Verlagsgesellschaft, Dillenburg
Umschlaggestaltung: Eberhard Platte, Wuppertal
unter Verwendung eines colorierten Holzschnitts von
Julius Schnorr von Carolsfeld (1860)
Fotos: Martin von der Mühlen, Eberhard Platte
Druck: Druckhaus Gummersbach
Printed in West-Germany

Inhalt

Eine Vorbemerkung

Es gibt nur wenige Gestalten in der Bibel, die so rätselhaft erscheinen wie Simson, der Richter. In der Aufzählung der Richter Israels ist er der letzte. Insgesamt werden zwölf Personen mit Namen genannt, die Israel in der Zeit besonderen Tiefstandes zur Seite standen und halfen.

Simson nimmt unter ihnen eine besondere Stellung ein. Dieser »Gott-Geweihte« kämpft nicht wie seine Vorgänger inmitten eines Heeres, sondern tritt als Einzelkämpfer auf, um dem Feind großen Schaden zuzufügen. Simson steht auch bei vielen Bibellesern im Abseits. Man glaubt, diesen Mann wegen seiner Schwächen verurteilen zu können. Dabei legen wir Maßstäbe unseres heutigen Gnadenzeitalters an und kommen so zu einer völlig falschen Beurteilung, wenn uns eine solche überhaupt zusteht.

Simsons Leben, seine Hingabe, beinhaltet ermunternde Hinweise für uns. Diese wollen wir aufspüren und aufzeigen, um neu zu erfahren: »Alles ist zu unserer Belehrung geschrieben, auf daß wir durch das Ausharren und durch die Ermunterung der Schriften die Hoffnung haben.«

Beim Aufsuchen der Spuren Simsons finden wir viele liebliche Hinweise auf unseren Herrn Jesus Christus, und dann lohnt sich ohnehin jede Mühe. Wenn Gott in Seiner ewigen Weisheit einen Menschen beschreiben läßt, setzt Er dabei nie jemanden herab, sondern hält uns einen Spiegel vor, damit wir erkennen, was in unseren Herzen ist. Besonders aber werden wir beim Lesen innerlich erfreut und gesegnet, wenn Handlungen und Wesenszüge von Personen im Alten Testament Jesus Christus vorschatten. In diesem Sinne wünsche ich allen, die mit uns den Spuren dieses tapferen Mannes folgen wollen, reichen inneren Gewinn.

Josef Kausemann

Undank und Sünde des Volkes Gottes

Wie ein roter Faden durchzieht eine traurige Aussage das Buch der Richter: »Und die Kinder Israels taten wiederum was böse war in den Augen des Herrn«. Kaum hatte der Richter Jephtha das Volk von der Fron der Kinder Ammon befreit und ihnen einige Jahre Ruhe verschafft, hatte Israel schon bald die Güte seines Gottes wieder vergessen. Elfmal hatte Gott schon auf das Rufen seines Volkes gehört und einen Retter gesandt, und elfmal hatten die Israeliten nach der Befreiung vom Druck der Feinde aufgeatmet, aber nach kurzer Zeit auch wieder die Gepflogenheiten der heidnischen Völker übernommen und ihren Gott durch Sündigen gereizt.

War nun die Langmut Gottes endgültig vorbei? Unmöglich! Denn Gottes Verheißungen sind unbereubar. Nirgends finden wir auch eine Stelle in der Bibel, die das Erreichen des Ziels von der Treue des Menschen abhängig macht. Gott ist es, der handelt, und an der Durchführung Seiner Pläne kann Ihn niemand hindern. Im Gegenteil, der Feind muß mithelfen, das Ziel Gottes zu verwirklichen. Immer rühmt sich die Gnade wider das Gericht! Ist ein Tiefstand beim Volk Gottes eingetreten, muß die Heiligkeit Gottes durch Zucht unterweisen. Das ist oft eine sehr schmerzliche Angelegenheit.

Erneut war Israel in Sünde gefallen. Der heilige Gott mußte mit Gericht eingreifen zur Wiederherstellung. Israels Erzfeind wurde auf den Plan gerufen. Wir lesen: »Der Herr gab sie in die Hand der Philister vierzig Jahre.« Der Kampf mit den Philistern durchzieht noch die Bücher Samuels; erst David beendet ihn für immer. Bei allen Auseinandersetzungen Israels mit Seinen Feinden geht es letztlich um die Königsherrschaft Gottes. Er ist der Souverän, der unumschränkte Herrscher Seines Volkes. Er allein ist es, der dem Feind erlaubt Sein Volk zu bedrängen, ihm aber auch die Grenzen in Raum und Zeit bestimmt.

Wie traurig, wenn zur Zurechtbringung kein anderes Mittel

mehr fruchtet als die Unterdrückung durch den Feind. Wie gern erzieht der Herr in Liebe, Freundlichkeit und mit lockenden Zusagen. Gericht ist immer das letzte von Ihm eingesetzte Mittel. Damals wie auch heute ist ein solches Eingreifen für Ihn mit Schmerz verbunden. Ergreifend sind die Worte, mit denen Gott versucht, Seinem Volk einen Einblick in Sein liebendes Herz zu geben. In Seinem Auftrag muß der Prophet ausrufen: »Gebet dem Herrn, eurem Gott, Ehre, bevor er finster macht, und bevor eure Füße sich an Bergen der Dämmerung stoßen, und ihr auf Licht wartet, und er es in Todesschatten verwandelt und zur Dunkelheit macht. Wenn ihr aber nicht höret, so wird meine Seele im Verborgenen weinen wegen eures Hochmuts; und tränen wird mein Auge und von Tränen rinnen, weil die Herde des Herrn gefangen weggeführt ist« (Jeremia 13,16-17).

Das Volk Gottes ist nie einem Schicksal oder der Willkür seiner Feinde ausgeliefert. Über ihm waltet die gute und liebende Hand Gottes. So ist es auch der Herr, der die Philister zur Zucht für Israel benutzt. Keine Macht der Erde kann Israel vernichten. Weltreiche entstanden und gingen wieder unter; eine Weltmacht baute auf den Trümmern eines untergegangenen Reiches eine neue Macht auf. Alle Herrlichkeiten sind im Sande verweht, und nur in den Geschichtsbüchern wird ihrer noch erwähnt. Israel aber kann auf eine viertausendjährige Geschichte zurückblicken. Kaum ein Volk der Erde mußte so tief durch Drangsale und Verfolgungen gehen wie das Volk der Juden. Doch bei aller Bedrängnis und selbst in der langen, langen Zeit, die es im Exil verbringen mußte, konnte Israel nicht ausgerottet werden. Warum? Weil Gottes starke Hand sein Volk gehalten hat. Die von Ihm festgelegten Jahre des Gerichts, die dieses Volk wegen der Verwerfung seines Messias traf, waren genau geplant, Dauer und Gewicht exakt kalkuliert.

Israel hat bis heute jede Not überstanden und wird auch in der Zukunft — wenn auch unbewußt — erfahren, daß die unsichtbare Hand des Höchsten über ihm wacht. Gott hat mit Israel noch Großes vor, denn in seinem Messias, den das Volk im letzten und schwersten Gericht erkennen wird, sollen gesegnet werden alle Geschlechter der Erde. Dann wird auch dieses Volk ein unvorstellbarer Segen unter allen Nationen sein.

Aus vielen Verheißungen geht hervor, daß Gott schlägt aber wieder heilt, daß Er züchtigt aber nur zum Heil, zur Erlangung noch größeren Segens.

Die Prüfungszeit

Vierzig Jahre Unterdrückung! So hatte Gott festgesetzt. Keine Stunde länger, aber auch keine Minute kürzer! Die Zahl 40 begegnet uns mehrmals in der Bibel. Sie weist immer auf Erziehung, Prüfung und Zubereitung hin. Die Zahlensymbolik der Bibel ist überaus schön, lieblich und spricht zu unseren Herzen. Wenn man die Zahl »acht«, die Erneuerung bedeutet, mit der Zahl der Gnade (fünf) verfielfältigt, ist die Zahl 40 das Ergebnis. Jeder Neuanfang — besonders der in dem Herrn Jesus, der der Erste oder der Achte ist, der am 1. oder 8. Tag auferstand — beginnt mit der Gnade. Auch in unserem Kapitel geht es um Erneuerung, die durch die Erziehung Gottes erreicht werden soll. Gott bringt Sein Volk in Trübsal, damit die Gnade den Neubruch schafft. Es lohnt sich, die Zahl 40 einmal unter dieser Sicht zu überprüfen:
40 Jahre währte die Wüstenwanderung: 5. Mose 8,4
40 Jahre war Israel unter Othniel: Richter 3,11
40 Jahre war Israel unter Gideon: Richter 8,28
40 Jahre war Israel unter den Philistern: Richter 13,1
auch 40 Jahre unter Saul: Apg. 13,21; 40 Jahre unter David: 2. Sam. 4 und 40 Jahre unter Salomo: 1. Kön. 11,42; und noch 40 Jahre unter Joas: 2. Kön. 12,1.

Wir könnten fortfahren: 40 Tage und 40 Nächte ging Elisa in der Kraft der Speise des Engels. 40 Tage und Nächte war Mose bei dem Herrn auf dem Berg; vorher hatte er sich 40 Jahre um seine Brüder gekümmert. Dann hatte er 40 Jahre als Flüchtling in Midian gelebt. 40 Tage waren die Kundschafter Israels unterwegs, von denen wir lesen: »Nach der

Zahl der Tage, die ihr das Land ausgekundschaftet habt, 40 Tage, je einen Tag für ein Jahr, sollt ihr 40 Jahre lang eure Ungerechtigkeit tragen...« (4. Mose 14,34). Jona predigte 40 Tage in Ninive. Gott ließ es in den Tagen der Flut 40 Tage und Nächte regnen, und 40 Tage verhöhnten die Philister zur Zeit Sauls die Schlachtreihen Israels.

Es lohnt sich, die vielen Stellen nachzulesen, die uns außerdem noch auf diese wichtige Zahl aufmerksam machen. In allen werden wir den einen Gedanken finden: Gott führt Sein Volk in die Zucht, um auf dem Boden der Gnade neu mit ihm zu beginnen. Nie hat Er es fallen lassen, nie mit ihm gebrochen. Schon bald wird sich herausstellen, daß die viertausendjährige Geschichte Israels in den Strom der Gnade Gottes einmündet.

Auch im Leben des Herrn Jesus spielt die Zahl 40 eine Rolle. Unvergleichlich ist Sein leibliches Beispiel und Vorbild. Möchten wir von Ihm lernen, die Prüfungs-, Erziehungs- und Bewährungszeit zur Ehre und Verherrlichung unseres himmlischen Vaters und zum Zeugnis an die Welt durchzustehen. Im Ausharren liegt Glückseligkeit. Auch am Ende unseres Weges steht die Offenbarung der vollkommenen Gnade. Möge uns das Wort anspornen: »Der Pfad des Gerechten ist wie das glänzende Morgenlicht, das stets heller leuchtet bis zur Tageshöhe« (Sprüche 4,18).

Die Gnadensonne bricht auf

Die vierzig Jahre der Zucht Israels gingen allmählich zu Ende. Schon war die vorlaufende Gnade wirksam, denn Gottes Liebe hatte längst einen Plan zur Rettung Seines Volkes bereit.

In Zorha, einem Ort an der Grenze zwischen Juda und Dan, wohnte ein gottesfürchtiges Ehepaar. Der Mann hieß Manoah, was mit »Ruhe« übersetzt werden kann, denn dieser Name wird von »Noah« abgeleitet. Wie Noah der Ruhebringer nach der großen Flut wurde, so wählte Gott Manoah aus, um den zu zeugen, der die Fron unter den Philistern beenden sollte. Gottes Eingreifen ist nie schablonenhaft. »Weg hat Er allerwegen, an Mitteln fehlt's Ihm nicht!« singt ein Dichter. So unterscheidet sich auch der jetzt sich ankündigende Retter — wie wir noch sehen werden — von allen Vorherigen.

Das Ereignis begann — wie manche andere Begebenheit in der Bibel — mit einer Frau, die unfruchtbar war. Hierdurch offenbart sich eine bestimmte Absicht Gottes. Nie braucht Er die menschliche Natur, wenn Seine Gnade hilfreich eingreift.

Wenn der Mensch abgewirtschaftet hat, wenn er auf dem Nullpunkt angelangt ist, wenn es für ihn weder Lichtblick noch Hoffnungsschimmer gibt, schlägt Gottes Stunde. Nie verbindet Er Seine Ehre mit der Ehre eines Menschen. Eifersüchtig wacht der Höchste über Seine Würde und Herrlichkeit.

Die Unvereinbarkeit göttlichen Werkes mit dem armseligen Wirken des Menschen — auch mit dem in fleischlicher Gesinnung wandelnden und handelnden Erlösten — wird von Ihm stets klargestellt.

Gerade in der Endzeit, in der wir leben, wird diese Tatsache wenig verstanden und beachtet. Die Neigung zum Gesetzlichen, die auch nach einer Wiedergeburt gern aktiv wird, verdunkelt oft unsere wirkliche Stellung, die wir in Christus vor Gott einnehmen. Man will doch so gern etwas tun, etwas beitragen zu der Gewißheit unseres Heils. Dabei vergißt man, daß wir einzig und allein das Werk Gottes sind, geschaffen in Christus Jesus zu guten Werken. Was nicht von Gott kommt, ist für Ihn wertlos! Sein Geist benutzt uns zu den Werken, in denen wir wandeln sollen.

Kürzlich las ich einen Beitrag, den ein Bruder schrieb: »Wir wissen, daß wir aus dem Tod in das Leben hinübergegangen sind, weil wir die Brüder lieben; wer den Bruder nicht liebt, bleibt im Tod« (1. Joh. 3,14). Es ging darum zu beweisen, daß wir den Übergang vom Tod, vom geistlichen Tod in das ewige, göttliche Leben vollzogen haben. Wie schnell können unbefestigte Seelen in Unruhe kommen, wenn sie am

Maßstab ihrer Bruderliebe feststellen sollen, ob sie wirklich errettet sind. Dahin kommen wir, wenn wir eine Bibelstelle aus ihrem Textzusammenhang nehmen. Meine Liebe zum Bruder kann nie den Beweis erbringen, daß ich ewiges Leben habe. Dieser Beweis liegt allein im Opfer Jesus auf Golgatha. Deshalb lesen wir auch in 1. Joh. 3,5, d.h. einige Verse vorher: »Und ihr wisset, daß er (der Herr Jesus) geoffenbart worden ist, auf daß er unsere Sünden wegnehme.« Ich kann meinen Bruder nur lieben und werde dazu gedrängt, weil die Gottesliebe in mein Herz ausgegossen wurde durch den Heiligen Geist. Nur diese göttliche Liebe liebt Gottes gemäß; sie kann nicht anders. Darum dürfen wir einander ermuntern, dem Geist Raum zu geben, Ihm im Gehorsam uns zu öffnen, damit die Liebe Gottes bei uns sichtbar wird. Gott kann nur durch den Geist Gottes erkannt und erfreut werden, nur durch Gott können wir Gott dienen.

Doch kehren wir zu unserem Thema zurück. Gott greift nur ein, wenn das Versagen der menschlichen Natur offenbar geworden ist. So war es damals, und dieser Grundsatz geht durch alle göttlichen Haushaltungen bis zur heutigen Stunde.

Gottes unumschränktes Handeln

Sieht die Natur keinen Ausweg, bricht Gottes Stunde auf. Wie schon gesagt, bedient sich Gott in der Ausführung Seiner Pläne mehrfach unfruchtbarer Frauen. Dann handelt es sich immer um ein ganz besonderes Ereignis, durch welches ein Gnadenhandeln notwendig wird, das zu Gottes Verherrlichung führen muß.

Denken wir an Sara, die neunzigjährige Frau Abrahams. Alle natürlichen Möglichkeiten, einen Sohn zu bekommen, waren vorbei. Die Eheleute standen hilflos vor ihrer Situation. Was ihnen blieb, waren Gottes Zusagen. Doch Gott griff nicht eher ein, bevor nicht das menschliche Unvermögen sichtbar war. Gott, der »die Toten lebendig macht und das Nichtseiende ruft«, wollte deutlich machen, daß jeder

Neuanfang nur durch Sein Eingreifen möglich wird. Der verheißene Sohn konnte nicht »durch den Willen des Fleisches« kommen, denn dieser Versuch hatte zu Ismael geführt, der zu einer Belastung des ganzen Hauses Abrahams wurde.

Mit der unfruchtbaren Sara begann der Höchste, sich ein Eigentumsvolk zu bilden. Der Mensch hatte abgewirtschaftet, als Gott einen Götzendiener aus Ur in Chaldäa rief, um der neubeginnenden Gnade zum Sieg zu verhelfen. Diese Gnade hat immer den »Lacher« (so wird Isaak übersetzt) als Ergebnis, denn nur Gnade kann zur Freude und wirklichen Glückseligkeit führen. Noch nie ist jemand im fleischlichen Wollen, in gesetzlichen Anstrengungen glücklich geworden. Kann sich aber die Gnade in ganzer Fülle auswirken, dann jubelt und jauchzt das Herz!

Rebekka, die Frau der Wahl des Vaters

Trotz aller Sorgfalt Abrahams, seinem Sohn Isaak eine Frau aus seiner Verwandtschaft zu holen, blieb auch sie zunächst kinderlos, unfruchtbar. Auch hier können wir fragen: Was will Gott uns hiermit sagen? Bei Ihm gibt es doch kein sinnloses Schicksal, weder Zufall noch verworrenes Verhängnis! Alles in unserem Leben ist Planung, Prüfung und weise Absicht. Isaak und Rebekka mußten lernen, daß die Pläne Gottes und die Geburt des Trägers der Verheißungen nicht »durch den Willen des Mannes« in Erfüllung gehen. Gott muß der Handelnde bleiben, dabei gelangte die Natur oft in höchste Bedrängnis und Ängstlichkeit. Zwanzig Jahre ließ Gott Isaak und Rebekka in größter Ungewißheit, bis er endlich eingriff.

Der die Verheißungen gibt, löst sie auch ein, doch oft wartet Er, bis — menschlich gesehen — kein Ausweg mehr vorliegt. Gott schenkte Erhörung als Folge eines Gebetskampfes. Die Unfruchtbare wurde Mutter. Bald merkte sie, daß sie Zwillinge unter dem Herzen trug. Was nun? Der Mensch weiß keinen Rat, aber Gott greift ein, wo Finsternis den Verstand einhüllt, Er ist das Licht, das dem Menschen Klarheit bringt.

Gott läßt den Glaubenden, den, der anhaltend betet, nicht ohne Antwort. Als die Kinder noch im Mutterleib sind, bestimmt Er den Verheißungsträger. Auch dieser Frau, der die Gnade zur Freude verhilft, zeigt Gott einen Neuanfang. Hier handelt es sich um die Trennung von zwei Völkerschaften. Zwei Söhne, aber nur von einem sagt der Herr: »Den Jakob, den Jüngsten, habe ich geliebt!« Das ist Fortführung und neue Aufzeichnung der Verheißungslinie. Auch finden wir in diesem Handeln den Gedanken der Auserwählung, der in Abraham erstmals auftauchte. Paulus greift diese Begebenheit später auf, um die Souveränität Gottes in jeder Hinsicht zu erklären. Er leitet seine Ausführungen mit den Worten ein: »Nicht die Kinder des Fleisches, diese sind Kinder Gottes, sondern die Kinder der Verheißung werden als Same gerechnet... Nicht allein aber das, sondern auch als Rebekka schwanger war... selbst als die Kinder noch nicht geboren waren und weder Gutes noch Böses getan hatten, (auf daß der Vorsatz Gottes nach Auswahl bestände, nicht aus Werken, sondern aus dem Berufenden) wurde ihr zugesagt: Der Größere wird dem Kleineren dienen« (Röm. 9,8-12).

Hanna, die Gekränkte

Hanna, die Begnadigte, wie ihr Name übersetzt werden kann, lebte zur Zeit des Tiefstandes des Volkes Israel. Alles war verweltlicht, und das Priestertum stand kurz vor dem Gericht Gottes. Ein Neuanfang mußte aufbrechen, und weil Gott nie vom Niedergang Seines Zeugnisses überrascht werden kann, hatte Er schon vorgesorgt. Sein Plan kam zur Durchführung und wieder war es eine Unfruchtbare, durch die der Absolute handelte.

Hanna, die von ihrem Mann Elkana sehr geliebt wurde, erfuhr von dessen zweiter Frau Peninna wiederholt Verspottungen, weil sie kein Kind hatte. Unfruchtbarkeit war große Schande in Israel; man verstand das als eine Strafe Gottes. Ihre Demütigungen trieb diese gottesfürchtige Frau zum Gebet ins Heiligtum, welches seit Josua sich in Silo befand. Wei-

nend schüttete sie vor Gott ihr Herz aus und versprach Ihm:
»Wenn du das Elend deiner Magd ansehen und meiner gedenken und deine Magd nicht vergessen wirst, und du wirst
deiner Magd männlichen Samen geben, so will ich ihn dem
Herrn geben alle Tage seines Lebens; und kein Schermesser
soll auf sein Haupt kommen« (1. Sam. 1,14).

Gott schenkte ihr einen Sohn, den Samuel, und mit diesem begann Gott wieder einen Neuanfang in Israel. Das Priestertum hatte damals versagt und der Nasiräer Samuel wurde
zum Propheten und Führer im Volk Gottes. Wieder war es
eine unfruchtbare Frau, aus der Gott den Seinen Hilfe und
Neuanfang schenkte.

Die Mutter Johannes des Täufers

Als weiteres Beispiel, daß nur von Gott Hilfe und Neubeginn werden kann, wollen wir eine Frau aus dem Neuen Testament anführen. Es is Elisabeth, die Mutter Johannes des
Täufers. Diese durfte nach langer Unfruchtbarkeit den Vorläufer des Herrn Jesus gebären. Nirgends wird die Notwendigkeit eines Neuanfangs deutlicher als in ihren Tagen. Gott
selbst wollte durch eine Jungfrau in diese Welt kommen; die
Frau des Zacharias, die im Alter vorgeschritten war, aber
gebar den Vorläufer, der die Ankunft des Sohnes Gottes vor-
bereiten sollte. Johannes kündete den Neubeginn mit den
Worten an: »Bereitet den Weg des Herrn, macht gerade seine Steige... alles Fleisch wird das Heil Gottes schauen!«

Dieses neue Beginnen, bei dem die Gnade Gottes heilbrin-
gend für alle Menschen erschien, stellt alles, was an Güte,
Gnade und Barmherzigkeit bis dahin geoffenbart worden
war, weit in den Schatten. In Jesus Christus, dem Sohn Gottes, wurden Gnade und Wahrheit personifiziert, Güte und
Wahrheit, Gerechtigkeit und Friede vereint: »Sie haben sich
geküßt«, sagt der Psalmist, das heißt: alle Gegensätze sind
miteinander ausgesöhnt, sie sind beseitigt. Jesus Christus hat
Frieden gemacht durch das Blut seines Kreuzes. Was keinem
der zwölf Retter in Israel gelang, nämlich durch einen Neu-

anfang Menschenseelen umzugestalten, führte der Sieger auf Golgatha durch. Die in Ihm geoffenbarte Gnade brachte die Möglichkeit zum Ausstieg aus der Herrschaft des Feindes, aus aller Versklavung durch Sünde, Tod und Teufel.

Mit Rahel, der Lieblingsfrau Jakobs, die ebenfalls unfruchtbar war, bis Gott ihr half, sind es insgesamt sechs Frauen über die die Bibel in dieser Weise berichtet. Auch hier ist die Zahlensymbolik wichtig. Die Zahl »sechs« ist die Zahl des Menschen, sechshundertsechsundsechzig die des Übermenschen. Die sechs Frauen zeigen uns, was der Mensch aus eigener Kraft vermag. Die Zahl »sechs« weist auf Unvermögen, Arbeit und Mühe, Sünde und Übungen hin. »Sechs Jahre sollst du das Land besäen, im siebenten soll es ruhen.« Sechs Tage Arbeit, erst der 7. Tag bringt die Ruhe. Am 6. Tag wurde der Mensch erschaffen, am 6. Tag wurde er erlöst, als unser Heiland in der 6. Stunde, als eine große Finsternis kam, die Erlösung vollbrachte.

Jemand schreibt: »Unser treuer Vater schenke uns, daß wir in jeder Beziehung von der verfluchten Sechs eigenwilligen Menschentums und irdischer Gewalt, aus Gottesfeindschaft und Strafgericht gelöst und geläutert werden, um in die Harmonie, Heiligkeit und Wahrheit der Gottessieben hineinzuwachsen.«

Diese Gotteszahl »sieben« weist auf die Vollkommenheit der Segnungen wie auch auf die Harmonie des Glaubens, der Heiligkeit und der Wahrheit hin. In 1. Mose 12,2-3 lesen wir, daß Gott dem Abraham einen siebenfachen Segen verheißt:

Du sollst zu einer großen Nation werden.

Ich will dich segnen.

Ich will deinen Namen groß machen.

Du sollst ein Segen sein.

Wer dich segnet, der soll gesegnet werden.

Wer dir flucht, soll verflucht werden.

In dir sollen gesegnet werden alle Geschlechter der Erde.

Weiter finden wir in 2. Mose 6,6-8 sieben kostbare Verheißungen. Dem geknechteten Volk läßt Gott sagen:

Ich werde dich herausführen unter der Lastarbeit hinweg.

Ich werde euch erretten aus eurem Dienst.

Ich werde euch mit ausgestrecktem Arm erlösen.

Ich will euch annehmen mir zum Volk und will euer Gott sein.

Ihr sollt erkennen, daß ich der Herr, euer Gott bin.

Ich werde euch in das Land bringen.

Ich werde das Land euch zum Besitztum geben, ich, der Herr.

Zur Unterstreichung, daß es sich bei der Zahl »sieben« um die Zahl der Segnungen und Geschenke Gottes handelt, wollen wir noch zwei Stellen aus vielen herauswählen, die wir im Neuen Testament finden.

Im Johannesevangelium wird unser Erbe, das wir in Christus haben, vorgestellt. Die rohen Soldaten, die Mörder des Herrn, teilten das Wenige an irdischen Gütern, das Er besaß: das waren nur Seine Kleider, und um Sein Gewand würfelten sie. Doch uns, Seinen Geliebten schenkte Jesus Christus Seinen wertvollen Besitz, das Höchste, das Er besaß.

Der Herr gab uns Sein Leben, Leben in Überfluß (Joh. 10,11).

Er gab uns Seinen Frieden: Meinen Frieden gebe ich euch (Joh. 14,27).

Er gab uns Sein Wort: Ich habe ihnen dein Wort gegeben (Joh. 17,8.14).

Er gab uns Seine Freude: Damit meine Freude in euch sei (Joh. 15,11).

Er gab uns Sein Beispiel: Tut, wie ich euch getan (Joh. 13,15).

Er gab uns Seine Herrlichkeit: Die Herrlichkeit, die du mir gegeben hast, habe ich ihnen gegeben (Joh. 17,22).

Es gab uns Seine Liebe: Gleichwie der Vater mich geliebt hat, habe auch ich euch geliebt; bleibet in meiner Liebe (Joh. 15,9).

Das sind sieben unschätzbare Werte.

Aus dem Hebräerbrief wollen wir noch die sieben Christustitel aufzeigen:

Er ist der Erbe aller Dinge (Kap. 1,3).
Er ist die Ausstrahlung der Herrlichkeit Gottes (1,3).
Er ist der Abdruck des Wesens Gottes (1,3).
Er ist der Anführer unserer Errettung (2,10).
Er ist der Apostel und Hohepriester unseres Bekenntnisses (3,1).
Er ist der Urheber unseres ewigen Heils (5,9).
Er ist der Anfänger und Vollender des Glaubens (12,2).

Die frohe Botschaft

Wir haben gesehen, wie wunderbar und genau das Wort Gottes ist, so daß selbst die Zahlen immer eine übereinstimmende Bedeutung haben. Kommen wir wieder zu unserem Bibeltext.

Der Frau Manoahs erschien der Engel des Herrn und sprach zu ihr: »Siehe doch, du bist unfruchtbar und gebierst nicht; aber du wirst schwanger werden und einen Sohn gebären.«

Welch eine Freudenbotschaft für diese bedrückte Frau! Ihr Name wird nicht einmal erwähnt, doch die Anonymen in der Bibel sind nicht minder wichtig. Gott hat manchen Namenlosen in Seinem Werk benutzt und zum Segen gesetzt. Der Engel gibt der Frau genaue Anweisungen über ihr Verhalten in den Monaten der Schwangerschaft. Staunend muß die Frau aufgehorcht haben, denn die vom Engel an die Geburt des Kindes geknüpften Bedingungen waren ganz besonderer Art. Sie sollte Mutter eines gottgeweihten Sohnes, eines Nasirs werden. Darum mußte sie während der Schwangerschaft auch die Vorschriften für einen Nasir auf sich nehmen, eine Verpflichtung, die sonst kaum einer Frau auferlegt wurde. Alles wurde genau angeordnet, weil, wenn Gott jemanden mit Aufgaben betrauen will, Er völligen Gehorsam erwartet. Die werdende Mutter sollte als Geweihte, als Abgesonderte leben, bis sie den von Gott Gewünschten geboren hatte. Das Verbot, ihr Haar zu scheren, mußte nicht angesprochen werden, weil das damals bei einer gottesfürchtigen Frau undenkbar war; aber sonst legte Gott ihr das ganze

Gesetz eines Nasir auf: weder Wein noch starkes Getränk durfte sie zu sich nehmen, nichts Unreines essen, und sie mußte auch alles meiden, was vom Weinstock kam.

Die Frau konnte die Ehre, einen Nasir Gottes zur Welt bringen zu dürfen, einen Gottgeweihten, der Israel aus der Hand seiner Feinde retten sollte, gar nicht fassen.

Daß sie aber durch Erscheinung des Engels in Furcht und Schrecken versetzt wurde, geht aus dem Bericht hervor, den sie ihrem Mann erzählte. Der ihnen verheißene Sohn sollte ein Gottgeweihter von Mutterleib an bis zu seinem Tod, sein. Es ist in der Bibel nirgends festzustellen, daß es einen ähnlichen Fall gegeben hat. Hierin liegt eine ganz besondere Absicht Gottes, ein Vorhaben, das uns in den Staub beugt und zur tiefen Bewunderung führt.

Die Wichtigkeit des Gottesplanes erkennen wir auch aus der zweimaligen Wiederholung der Anweisungen an die Eltern. Diesen gottesfürchtigen Menschen geht es um eine ganz genaue Erfüllung der Anordnungen von oben. Der verheißene Sohn sollte einen weit Höheren vorschatten: den Abgesonderten, den Schönsten unter den Menschenkindern, den Sohn Gottes. Dieser war der wirkliche, gottgeweihte, reine und sündlose Mensch, dessen Heiligkeit, Gerechtigkeit und Vollkommenheit nur durch ein ganz schwaches Bild vorgezeichnet werden konnte. Was uns jedoch zu Bewunderung führt, ist die Herablassung Gottes, der sich eines so moralisch schwachen Menschen bedient, um Seine Linien aufzuzeichnen.

»Gott, wie erhaben bist Du!«

So müssen wir ausrufen, wenn wir sehen, mit welchen tiefgesunkenen Menschen Er Seine Pläne durchführt. Hier benutzt Er in Simson einen Mann, der in unser menschliches Klischee von einem Gottesmann gar nicht paßt. Aber gerade mit solchen, mit den Verachteten, Geringen und von Menschen Übersehenen, die in den Augen der Welt wertlos sind, baut Er Sein Reich. Sie werden durch die alles überströmende Gnade geadelt.

22

So finden wir z.B. Frauen im Geschlechtsregister des Herrn Jesus, die wir nie darin erwähnt hätten, weil wir uns ihrer schämen würden. Doch solche Gedanken zeigen, wie sehr schwer es für uns ist, uns selbst in unserer ganzen Verderbtheit zu erkennen. Stellen wir uns aber mit Dieben, Hurern und Ehebrechern auf eine Stufe, weil kein Gerechter zu finden ist, verstehen wir auch, daß Gott keinen guten Menschen für Seine Aufgaben finden kann.

Deshalb muß unser Herr zwischen solchen Verbrechern hängen. Am Kreuz von Golgatha wird erst wirklich deutlich, was der Mensch ist und wozu er fähig sein kann. Dankbar jubeln wir unserem Erlöser zu, daß Er in allem uns gleich wurde. Wenn Er auch keine Sünde kannte, war Er doch bereit, sich mit uns eins zu machen, damit die Erlösung Wirklichkeit werden konnte.

Dieser Heiland war nicht zu vornehm, mit Sündern zu speisen, auch scheute Er sich nicht, Menschen von den niedrigsten Stufen der Gesellschaft in Seine menschliche Ahnentafel aufzunehmen. Gottes Urteil »sie sind allzumal Sünder und keiner erreicht die Herrlichkeit Gottes« offenbart unser ganzes Wesen und legt unser sündiges Tun und Lassen offen. Gott nennt Sünde Sünde. Er stuft sie auch nicht nach leichten und schweren Sünden oder nach menschlichen Beurteilungsmaßstäben ein. Ob eine Sünde groß oder klein erscheint, sie trennt von Gott, und der Sünder bedarf der Erlösung und Rechtfertigung.

Schon der Ahnherr des königlichen Stammes, aus dem der Herr Seine menschliche Abstammung herleitet, Juda, geriet in recht zweifelhafte, sündige Verstrickungen. Die Frau, die sich in die Ahnenreihe des Herrn Jesus schlich, war Tamar, eine Heidin, die durch ein übles Ränkespiel zu ihrem Sohn Phares kam, der die Ahnentafel Judas weiterführte.

Ähnlich verhält es sich mit Rahab, die bei der Eroberung Jerichos die Kundschafter aus Israel versteckte, als man diese zu töten suchte. Eine Frau mit zweifelhaftem Beruf, eine Hure, rettete nicht nur ihr ganzes Haus als die Stadt eingenommen wurde, sondern sie gelangte zu höchsten Ehren, indem wir auch diese Heidin im Geschlechtsregister des Herrn Jesus finden.

Denken wir an Ruth, die Moabitin, die zu einem Volk gehörte, das unter Gottes Gerichtsurteil stand. Das zehnte Geschlecht eines Moabiters durfte noch nicht in die Gemeinde des Herrn kommen. Auch bei Ruth sprengte die Gnade alle Fesseln. Sie, eine Witwe, und damit das Bild völliger Hoffnungslosigkeit, zog mit ihrer Schwiegermutter nach Bethlehem, erlangte die Gunst des Boas, der sie auslöste und zur Frau nahm. Ihr Erstgeborener war der Großvater Davids.

So erhaben handelt Gott! Er erhöht, die in Armut und Niedrigkeit sind, und demütigt den Stolz der Hochmütigen. Hier geziemt es sich, in den Lobpreis einzustimmen: »Loben sollen sie den Namen des Herrn! Denn sein Name ist hoch erhaben, er allein; seine Majestät ist über Erde und Himmel. Und er hat erhöht das Horn seines Volkes, das Lob all seiner Frommen. ...Es sollen jubeln die Frommen in Herrlichkeit, jauchzen auf ihren Lagern! Lobeserhebungen Gottes seien in ihren Kehlen, und ein zweischneidiges Schwert in ihrer Hand!«

Gott, ein Erhörer des Gebets

Sobald Manoah die Mitteilung seiner Frau gehört hatte, wurde er unruhig. Ob er an ihren Worten zweifelte, ist nicht festzustellen. Die Botschaft war so wichtig, daß er völlige Klarheit haben wollte. Wie aber sollte das geschehen? O, dieser glückliche Mann wußte um den, der allein Auskunft geben konnte. Er betete, nein er flehte zum Herrn. Steht das Gebet mit Seinen Gedanken in Übereinstimmung, kommt auch die Antwort. Bei dem Vater Simsons war dies der Fall. Ein Wunsch beseelte ihn: »Herr, ich möchte deinen Willen erkennen und nach demselben handeln. Bewahre mich vor eigenem Wollen und Tun, ich möchte Dir gehorsam sein.«

So könnten wir Manoahs Gebet deuten, denn es lautete: »Bitte Herr! der Mann Gottes, den du gesandt hast, möge doch nochmals zu uns kommen und uns lehren, was wir tun sollen mit dem Knaben, der geboren werden soll. Und Gott erhörte die Stimme Manoahs; und der Engel Gottes kam nochmals zu der Frau...«

Wir sehen, daß keine Zweifel an den Worten Gottes blieben, sondern nur das echte Verlangen Manoah erfüllte, in allem dem Auftrag zu entsprechen.

Wir wiesen bereits darauf hin, daß wir bei besonders wichtigen und einschneidenden Ereignissen oft ein zweimaliges Erscheinen oder Ansprechen Gottes finden. Bei der bedeutendsten Ankündigung aller Zeiten, nämlich der Geburt Jesus, finden wir auch ein zweimaliges Kommen des Engels. Er erschien der Maria mit der herrlichen Botschaft und dem Josef in einer Nacht, um ihm Mut zu machen, Maria zu sich zu nehmen.

So rief Gott in der Bibel auch sieben Personen zweimal mit ihrem Namen. Jedesmal, wenn das geschah, stand eine wichtige Entscheidung an. So hören wir in dem denkwürdigen Augenblick, als Abraham das Messer zog, um seinen Sohn zu schlachten, den Ruf: »Abraham, Abraham... strecke deine Hand nicht aus nach dem Knaben, und tue ihm gar nichts! Denn nun weiß ich, daß du Gott fürchtest.« Es war wohl die unvergeßlichste Stunde im Leben dieses Patriarchen, als Gott ihm zweimal mit Namen rief.

Ähnlich erging es Jakob. Als er in Beerseba war, um dem Ruf Josefs zu folgen und das Land seiner Väter zu verlassen, erschien ihm Gott in Gesichten und rief ihm zu: »Jakob, Jakob!... Ich bin Gott, der Gott deines Vaters; fürchte dich nicht nach Ägypten zu ziehen... Ich will mit dir ziehen.« Auch hier ging es um einen äußerst folgenschweren Schritt, denn das Land der Verheißung zu verlassen, bedeutete einen Einschnitt in das Leben dieses Mannes.

Der Dritte, der auf diese Weise angesprochen wurde, war Mose. Gott hatte ihn für eine große Aufgabe ausersehen. Deshalb rief Er dem bereits Achtzigjährigen aus dem brennenden Dornbusch zu und besprach mit ihm die Herausführung Israels aus Ägypten. Es war Moses erste Begegnung mit dem Heiligen, und die Mahnung »Mose, Mose! Nahe nicht hierher! Ziehe deine Schuhe von deinen Füßen, denn der Ort, auf dem du stehst, ist heiliges Land« sollte dem Flüchtling als Warnung dienen, dem großen Gott zu nahen.

Auch Samuel wurde im Alten Testament zweimal mit Namen gerufen. Als junger Mann, der kaum den Kinderschuhen entwachsen war, begegnete er bei dieser Gelegenheit zum ersten Mal seinem Gott. Seine Mutter hatte ihn dem Herrn versprochen, und er diente schon als Kind Gott zu Silo. In jener Nacht empfing er seine erste Offenbarung. Viermal mußte Gott rufen; beim letzten dieser Anrufe hieß es: »Samuel, Samuel! ... Siehe ich will eine Sache tun in Israel, daß jedem, der sie hört, seine beiden Ohren gellen sollen.« Gott kündigte ihm das Gericht über das Priestertum in Israel unter Eli an. Wahrlich, eine wichtige Botschaft, mit der Gott Samuel vertraut machen mußte. Gott benutzte ihn, um dem Hohenpriester Eli ein schweres Urteil zu verkünden.

Im Neuen Testament finden wir noch drei Personen, denen der Herr eine sehr wichtige Nachricht erteilen mußte. Wir lesen: »Simon, Simon! Satan hat euch begehrt zu sichten, wie man den Weizen sichtet, doch ich habe für dich gebetet.« Die Schwester des Lazarus wird in ihrem Übereifer gebremst: »Martha, Martha! Du bist besorgt um viele Dinge, eins ist not, Maria hat das beste Teil erwählt!« Das stille Ruhen zu Jesus Füßen ist gesegneter als alle Hetze im Dienst.

Auch finden wir bei der Bekehrung des Saulus diesen zweimaligen Anruf. Bei diesem Mann geht es um die wichtigste Stunde seines Lebens. Der blinde Fanatiker hörte plötzlich, als er wutschnaubend die Christen in Damaskus ins Gefängnis werfen wollte, eine Stimme: »Saul, Saul! was verfolgst du mich?« Unvermittelt stand er vor dem Scherbenhaufen seiner ganzen Frömmigkeit. Er, der hochgelehrte Pharisäer, stand hilflos im Licht Gottes und konnte nur noch stammeln: »Wer bist du, Herr? Was willst du, das ich tun soll?« In der Gewißheit, ein Eiferer für Gott zu sein, sah er sich nun als ein Feind Jesus Christus.

Ein prophetisches Vorbild

Kinderlosigkeit, Unfruchtbarkeit bedeutete in Israel eine große Schande; man sprach sogar von Strafe Gottes oder von Fluch. Die Frau Manoahs und die anderen Frauen, auf deren Los wir aufmerksam machten, liefern uns ein getreues Bild von Israel. Auch dieses Volk war unfruchtbar, denn es brachte keine Frucht für Gott. Als der Messias unter ihnen weilte und Seine göttliche Sendung durch Zeichen und Wunder bestätigte, wurden die Obersten und geistlichen Führer von Neid und Mißgunst erfüllt. Sie verwarfen und kreuzigten den, der ihnen das Reich Gottes bringen wollte. Haß macht blind, und in seiner Verstockheit kam Israel unter den Fluch der Unfruchtbarkeit. Tag und Nacht hatte man über Mordpläne nachgedacht. Glaubte man eine passende Gelegenheit zur Verhaftung dieses Jesus von Nazareth gefunden zu haben, schlug diese fehl. Einmal kamen die Häscher wieder unverrichteter Dinge zurück; auf die Frage, wo der Gefangene sei, kam die Antwort: »Niemals hat ein Mensch so geredet wie dieser Mensch!« Diese Feinde waren sogar zutiefst von der herrlichen Person Jesus ergriffen. Doch die Abneigung der Obersten kannte keine Grenzen. Haß und Liebe standen sich gegenüber. Als der Herr vor Jerusalem stand, rief Er unter Tränen: »Jerusalem, Jerusalem... wie oft habe ich deine Kinder sammeln wollen, wie eine Henne ihre Küchlein versammelt unter ihre Flügel, und ihr habt nicht gewollt.« Der Haß steigerte sich zu der Vermessenheit: »Wir wollen nicht, daß dieser über uns herrsche.« Ja, man ging so weit zu schreien: »Sein Blut komme über uns und über unsere Kinder.« So ruhte man nicht, bis das scheußliche Werk, Jesus zu töten, vollbracht war.

Seither steht das Volk unter dem von ihm selbst formulierten Fluch, es ist unbrauchbar und unfruchtbar geworden, bis der Herr diesem Volk zum zweitenmal erscheint, seine Unfruchtbarkeit wegnimmt und Israel zum Segen setzt für die ganze Welt.

Die Mutter Simsons ist weiter ein Bild von allen Menschen,

denn auf Grund unserer natürlichen Geburt sind wir alle für Gott unbrauchbar, unfruchtbar. Erst die Verbindung mit unserem Erlöser nimmt diesen Fluch weg und setzt uns in den Stand, in der Kraft des neuen Lebens aus Gott für Gott Frucht zu bringen.

Wie oben angedeutet, kommt der Herr ein zweites Mal, um Israel das Friedensreich zu bringen. Wie die Frau Manoahs wird dieses Volk fruchtbar werden für Gott. Das Versagen Israels und der Plan Gottes laufen parallel. So lag von Ewigkeit her fest, daß Gottes Sohn leiden und sterben sollte. Nur durch das Opfer am Kreuz konnte die Menschheit erlöst werden. Diese vollkommene Grundlage, die auf Golgatha gelegt wurde, konnte nur durch das Handeln Gottes ermöglicht werden. Eine Neugeburt der Menschheit, eine Wiederherstellung der ganzen Schöpfung, kann nur auf dem Boden der Erlösung geschehen. Gott selbst mußte dieses Fundament gründen, um die Welt aus der Macht Satans zu befreien, die Gemeinde sich zu erkaufen und die Unfruchtbarkeit Israels zu beseitigen. Das Lamm Gottes ohne Flecken brachte dem ganzen Universum das Heil.

Der Prophet Jesaja mußte den gesamten Heilsweg des Erlösers schon niederschreiben. Das Verhängnis der jüdischen Rabbiner lag darin, daß sie den herrschenden aber nicht den leidenden Messias erwarteten. Ihre Zuversicht gründete sich auf das Wort: »Denn ein Kind ist uns geboren, ein Sohn uns gegeben, und die Herrschaft ruht auf seiner Schulter... Die Mehrung der Herrschaft und der Friede werden kein Ende haben auf dem Thron Davids und über sein Königreich« (Jes. 9,6-7).

Für den, der am Kreuz sterben sollte, hatten sie kein Gemerk. Das 53. Kapitel des Jesaja, das den leidenden Gottesknecht beschreibt, erkannten sie nicht. Hierin sahen sie nur Israels Leidensgeschichte. Darum lesen wir: »Wiewohl er so viele Zeichen vor ihnen getan hatte, glaubten sie nicht an ihn, auf daß das Wort des Propheten Jesaja erfüllt würde, welcher sprach: Herr, wer hat unserer Verkündigung geglaubt, und wem ist der Arm des Herrn geoffenbart worden. Darum konnten sie nicht glauben, weil Jesaja wiederum gesagt hat: Er hat ihre Augen verblendet und ihr Herz verstockt, auf daß sie nicht sehen mit den Augen und verstehen mit ihrem Herzen und sich bekehren und ich sie heile« (Joh. 12,38-40).

Der Feigenbaum

Einen ähnlichen Gedanken finden wir im Gleichnis vom Feigenbaum. Dieser Baum ist, wie auch der Weinstock, ein Sinnbild für Israel. Ehe der Herr ans Kreuz ging, benutzte Er das Gleichnis vom Weinberg, um dem Volk und seinen Führern vorzustellen, wie sie auf die werbende Liebe Gottes geantwortet hatten. Seine Propheten wurden verworfen und verjagt, und Gottes Sohn wurde von ihnen getötet.

Den Feigenbaum finden wir wiederholt in den Ansprachen und Belehrungen des Herrn. Um Gottes Urteil zu erkennen, wollen wir auf das Wort hinweisen, das uns Markus berichtet: »Und als er (der Herr Jesus) von ferne einen Feigenbaum sah, der Blätter hatte, ging er hin, ob er vielleicht etwas fände; und als er zu ihm kam, fand er nichts als nur Blätter, denn es war nicht die Zeit der Feigen. Und er hob an und sprach: Nimmermehr esse jemand Frucht von dir in Ewigkeit« (Mark. 11,13-14).

Es war nicht die Zeit der Feigen! Israel konnte keine Frucht bringen. Gott hatte eine Zwischenzeit, die Gnadenzeit zur Sammlung der himmlischen Gemeinde, vorgesehen. Hat Gott nun Sein irdisches Volk fallen lassen? Nie und nimmer! Der Herr Jesus kommt nicht nur wieder, um Seine Leibesgemeinde zu entrücken, sondern Er kommt auch ein zweites Mal für Israel. Dann wird der Feigenbaum knospen, blühen und viel Frucht tragen zur Freude des Herrn und zum Segen für die ganze Welt.

Der verfluchte Feigenbaum, das Israel ohne seinen Messias, kann niemals Frucht bringen, wie der Herr dies im Gleichnis aussprach. Das erneuerte, durch Schauen zum Glauben gekommene Israel, über das Gott den Geist des Weinens und Flehens ausgegossen hat, das wird blühen und gedeihen zum Ruhm Gottes und seines Erlösers. Dann versteht Israel auch das Wort Jesus an Nikodemus: »Ihr müsset von neuem geboren werden, sonst könnt ihr das Reich Gottes nicht sehen.«

Die Gemeinde als Nutznießer

Die Verwerfung des Messias durch Israel diente zu unserem Heil. Paulus schreibt: »Wenn aber ihr Fall der Reichtum der Welt ist, und ihr Verlust der Reichtum der Nationen, wieviel mehr ihre Vollzahl«, ihre Fülle! »Wenn ihre Verwerfung die Versöhnung der Welt ist, was wird die Annahme anders sein als Leben aus den Toten?« Das heißt: Wenn die Beiseitesetzung Israels wegen der Verwerfung ihres Messias uns, den Erlösten der Gnadenzeit, so reiche Segnungen eingebracht hat, wieviel mehr wird das zurechtgebrachte Israel ein Segen werden für die ganze Welt. Aus dem Todesschlaf erwacht werden die Juden erfüllt mit den Lebenskräften des Heiligen Geistes, alle Nationen missionieren und zum König des Friedenreiches führen.

Wie dankbar müssen wir diesem Volk sein. Durch ihre Handlung ging das Heil zunächst auf uns über. So hatte Gott es geplant, als Er uns in Christus zur Sohnschaft bestimmte und uns vor ewigen Zeiten zum Preise Seines herrlichen Namens erwählte. Wir sehen, alles konnte nur auf der Grundlage der Erlösung Wirklichkeit werden. Die Ekklesia wird nun aus allen Völkern herausgerufen. Ist ihre Vollzahl vollendet, kommt der Herr und holt uns zu sich. So ist unsere Entrückung das nächste bevorstehende Ereignis. Ist dies geschehen, wendet Gott sich Israel zu. Das Volk erkennt beim zweiten Kommen Jesus den, welchen sie gekreuzigt und durchstochen haben. Die Wehklage und Buße dieses Volkes gereicht dann zur Erneuerung und Wiederherstellung.

So hat Gott selbst die Grundlage geschaffen, auf der Er Seine wunderbaren Pläne durchführen kann. Durch das Werk von Golgatha werden die Gläubigen des Alten Testaments begnadigt, die Gemeinde Jesus der Jetztzeit erlöst, Israel zurechtgebracht und schließlich die Nationen zum Herrn geführt.

Wichtige Unterschiede

Leider wird von Vielen das Wort Gottes nicht richtig geteilt. Die Segnungen und Verheißungen, die Israel gehören, wurden in das Gemeindezeitalter übernommen. Selbst unter Wiedergeborenen herrscht in dieser Beziehung manche Unkenntnis. Die Gemeinde hat himmlische und Israel irdische Segnungen. Die Gemeinde bildet den Leib Christi und wird in der Verbindung mit ihrem Haupt als »der Christus« bezeichnet; Israel war die Verlobte des Herrn und wird sogar an einigen Stellen in der Bibel als mit dem Herrn vermählt vorgestellt. Klagend muß Jeremia rufen: »Kehret um, ihr abtrünnigen Kinder, spricht der Herr, denn ich habe mich ja mit euch vermählt.« Das ist die liebevolle Antwort Gottes auf die Frage: »Wenn ein Mann seine Frau entläßt, und sie von ihm weggeht und eines anderen Mannes wird, darf er wieder zu ihr zurückkehren? Du aber (Israel) hast mit vielen Buhlern gehurt, und doch solltest du zu mir zurückkehren! spricht der Herr« (Jer. 3,1).

Wegen seiner Untreue wurde Israel eine gewisse Zeit sich selbst überlassen, doch in Kürze wird sich das Wort erfüllen: »Doch siehe, ich will deinen Weg mit Dornen verzäunen, und ich will ihr eine Mauer errichten ... und sie wird sagen: Ich will hingehen und zu meinem ersten Mann zurückkehren, denn damals ging es mir besser als jetzt ... Darum siehe, ich werde sie locken und sie in die Wüste führen und ihr zum Herzen reden ... und sie wird daselbst singen wie in den Tagen ihrer Jugend ... Und es wird geschehen, spricht der Herr, an jenem Tag wirst du sagen: Mein Mann ... Und ich will dich mir verloben in Ewigkeit, und ich will dich mir verloben in Gerechtigkeit und in Gericht, und in Güte und Barmherzigkeit, und ich will dich mir verloben in Treue, und du wirst den Herrn erkennen« (Hosea 2). Auch

Jesaja spricht oft von den Segnungen, die Gott diesem Volk in Gnade wieder zuwenden wird: »Um Zions willen will ich nicht schweigen und um Jerusalems willen will ich nicht stille sein, bis ihre Gerechtigkeit hervorbricht wie Lichtglanz und ihr Heil wie eine lodernde Fackel. Und die Nationen werden deine Gerechtigkeit sehen, und alle Könige deine Herrlichkeit, und du wirst mit einem neuen Namen genannt werden, welchen der Mund des Herrn bestimmen wird. Und du wirst eine Prachtkrone sein in der Hand des Herrn und ein königliches Diadem in der Hand deines Gottes. Nicht mehr wird man dich Verlassene heißen … sondern man wird dich nennen 'meine Lust an ihr' … denn der Herr wird Lust an dir haben, … und wie der Bräutigam sich an der Braut erfreut, so wird dein Gott sich an dir erfreuen« (Jes. 62,1-5).

Fast alle Propheten weisen auf die herrliche Zeit hin, wenn das geschundene, gequälte, verjagte und hin und her geworfene Volk über den Herrn Jesus, ihren Messias, zu Seinem Gott zurückfinden wird.

In diesem Sinn müssen wir auch die Offenbarung lesen. Sie zeigt den Werdegang des irdischen Gottesvolkes, das, durch Gericht geläutert, zu den herrlichsten Segnungen gelangt. Gerade die beiden letzten Kapitel zeigen uns etwas von dieser Herrlichkeit, die die Propheten andeuteten und in der Offenbarung neu erstrahlen. Dort wird in schönstem Gemälde die Braut, das Weib des Lammes, beschrieben.

Wer sich die Mühe macht, das 16. Kapitel des Propheten Hesekiel zu lesen, findet auch dort den ganzen Werdegang dieses Volkes von den tiefsten Tiefen bis zu den höchsten Höhen.

Wir, die Erlösten dieser Einschaltungs- und Gnadenzeit, haben eine weit höhere Berufung. Wir dürfen Glieder am Leib des Christus sein, Seinen Leib bilden. Dadurch werden wir an allen Funktionen, die der Herr in der Zukunft wahrnehmen wird, teilhaben. Die ganze Schöpfung wartet und seufzt, bis die Offenbarung der Söhne Gottes erfolgt, bis die Erlösten mit Christus erscheinen. Bei dieser Offenbarung des Christus wird der Fluch von dieser Schöpfung genommen;

Israel geht ins Friedensreich ein und durch die Israeliten werden alle Völker in den Mitgenuß der göttlichen Segnungen gebracht.

Israel wird gemäß dem Bild, das vor uns stand, zu Gott zurückfinden, mit Ihm vermählt werden, um alle Verheißungen, die den Vätern gegeben wurden, zu empfangen.

Zwar spricht auch Paulus von einer Verlobung und von der Einheit in einer Ehegemeinschaft zu uns als der Leibesgemeinde, doch in Epheser 5 und auch in 2. Korinther 11,2 geht es ihm um die Praxis in der Nachfolge des Herrn Jesus. In Epheser 5 will Paulus auf die Liebe hinweisen, die allein eine Ehegemeinschaft zur Zweckbestimmung bringen kann. Dazu verwendet er Worte, die uns die Liebe des Christus in begreiflichen Normen vorstellt und gleichzeitig Ergebnisse dieser Liebe anzeigt, die uns in Dankbarkeit zum Staunen bringen. Den Korinthern schreibt Paulus in der bangen Sorge, daß, wie die Schlange Eva verführte, auch sie durch deren List von der Einfalt des Christus abgewandt werden könnten. Als »reine Jungfrau dem Christus anzugehören«, heißt hier: keinem anderen Herrn, keinem anderen Geist, keinem anderen Evangelium auch nur im geringsten Raum zu geben. Was die Korinther in dem Herrn Jesus empfangen hatten, sollten sie vollinhaltlich über alles schätzen.

Mit diesen Bibelstellen dürfen wir den Gedanken »Braut des Lammes« nicht verquicken. Dankbar wollen wir Israel seine speziellen Segnungen überlassen, zumal uns als den »vor Grundlegung der Welt« Auserwählten himmlische Segnungen bestimmt sind. Wir sollten uns daran erinnern, was der Apostel schreibt: »Durch die Versammlung wird den Fürstentümern und den Gewalten in den himmlischen Örtern die gar mannigfache Weisheit Gottes kundgetan, nach dem ewigen Vorsatz, den er gefaßt hat in Christus Jesus, unserem Herrn. Möge Gott euch geben, nach dem Reichtum seiner Herrlichkeit mit Kraft gestärkt zu werden an dem inneren Menschen ... auf daß ihr völlig zu erfassen vermöget, mit allen Heiligen, welches die Breite und Länge und Tiefe und Höhe sei, und zu erkennen die die Erkenntnis übersteigende Liebe des Christus, auf daß ihr erfüllt sein möget zu der ganzen Fülle Gottes« (Eph. 3,10-20).

Das sind Hinweise, die alle irdischen Segnungen in den Schatten stellen. »Wunderbarer Herr, wie groß bist du in deiner Herablassung«, so dürfen wir ausrufen. Wer will diesen Reichtum erfassen, der in Christus unser Teil ist. »O Reichtum, wir besitzen dich, du bleibest unser ewiglich!«

Christus Kommen für die Gemeinde und für Israel

Auch hinsichtlich der baldigen Ankunft des Christus herrschen Unwissenheit und Meinungsverschiedenheit. Doch die Bibel redet klar über diesen Gegenstand, so daß eigentlich jedes Mißverständnis beseitigt sein könnte, wenn man nur einfältig dem Wort glauben würde.

Bis in unsere Zeit sind »kluge Propheten« am Werk, die nur von einer Wiederkunft des Christus reden und schreiben. Gottes Wort aber kennt ganz klar eine Entrückung der Leibesgemeinde und ein Kommen für Israel. Paulus schreibt in 1. Thessalonicher 4 und in 1. Korinther 15 unmißverständlich, daß der Herr die Seinen entrücken wird, daß Er selbst kommen wird mit gebietendem Zuruf, mit der Stimme eines Erzengels und mit der Posaune Gottes. Dann werden die Toten, die in Christus entschlafen sind, zuerst auferstehen; danach werden wir, die Lebenden, die übrigbleiben, zugleich mit ihnen entrückt werden in Wolken dem Herrn entgegen in die Luft; und also werden wir allezeit bei dem Herrn sein (1. Thess. 4,15-17).

Diese Entrückung, die nur die Leibesgemeinde erleben wird, bildet den Abschluß der Haushaltung der Gnade. Wir wiesen schon darauf hin, daß diese Zeit eine Einschaltungszeit für die Sammlung der Ekklesia ist. Ist die Vollzahl, die erlöst werden soll, erreicht, holt der Herr die Seinen sofort zu sich, damit Er mit ihnen die Welt richten und für Israel das Reich aufrichten kann. So unterscheidet die Bibel deutlich zwischen dem Kommen des Herrn Jesus für uns und Seiner Ankunft mit uns Seinen Heiligen (1. Thess. 3,13).

Israel aber muß zuerst noch durch ein Gericht. In dieser Drangsalsprüfung, wenn der Antichrist dieses Volk bedrängt, wird der Herr auf ihr Schreien antworten, und sie werden Ihn sehen, den sie durchstochen haben. Das ist der Augenblick, von dem der Prophet schreibt: »Und ich werde über das Haus Davids und über die Bewohner von Jerusalem den Geist der Gnade und des Flehens ausgießen; und sie werden auf mich blicken, den sie durchstochen haben, und werden über ihn wehklagen gleich der Wehklage über den Eingeborenen und bitterlich über ihn leidtragen...« (Sach. 12,10). Diesen Vorgang beschreibt auch die Offenbarung. In Kapitel 1,7 heißt es: »Siehe er kommt mit den Wolken, und jedes Auge wird ihn sehen, auch die ihn durchstochen haben, und wehklagen werden seinetwegen alle Stämme des Landes.« Als der Herr Jesus dem Synedrium in Jerusalem dieses Wort zurief, führte dieses Zitat zu Seiner Verurteilung.

Wir sehen, daß zwischen der Entrückung und dem Kommen des Herrn Jesus für Israel ein unüberschaubarer Unterschied besteht.

Aus dem Geschlecht der Daniter

Daß Gott in Manoah sich der Nachkommen aus dem Stamm Dan bediente, hat ebenfalls eine Bedeutung. In der Bibel steht nie ein Wort zuviel oder ohne tiefere Ursache, denn die ganze Schrift ist von Gott eingegeben. Wohl uns, wenn wir diese Tatsache immer wieder bedenken und durch Nachsinnen jene Schönheiten entdecken, die Gott in Seiner Weisheit in Sein Wort hineingelegt hat.

Manoah gehörte zu diesem Stamm Dan, von dem wir wenig Gutes hören. Dan war ein Sohn von Rahels Magd Bilha. Rahel hatte Bilha im Trotz ihrem Mann Jakob gegeben, weil sie selbst kinderlos war; durch ihre Magd wollte sie nun Kinder haben. Den zuerst geborenen Sohn der Magd nannte sie Dan, indem sie sprach: Gott hat mir Recht verschafft.

Als Jakob vor seinem Tod seine zwölf Söhne segnete, sagte er über Dan: »Dan wir sein Volk richten, wie einer der Stämme Israels. Dan wird eine Schlange sein am Weg, eine Horn-otter am Pfade, die da beißt in die Fersen des Rosses, und rücklings fällt der Reiter.«

Dieser kleine Stamm unterscheidet sich merklich von den übrigen Stämmen Israels. Bei ihm finden wir kein schläfriges Ausruhen wie bei Issaschar, aber auch kein emsiges Bemühen, um sich Vorteile zu erringen, wie bei Sebulon, der am Gestade der Meere wohnt. Kurz wird mit der Bedeutung seines Namens betont: Er schafft Recht! Wie und wen Dan richtet können wir nur schwer feststellen. Richtet er seinen eigenen Stamm oder das ganze Volk Israel? Wir wissen es nicht. Viele Ausleger sehen in diesem Namen einen prophetischen Hinweis auf die Endzeit.

Nimmt man die Weissagungen Jakobs und die späteren des Mose über diesen Stamm, könnte man Spuren finden, die auf den Antichristen hinweisen. Mose ruft aus: »Dan ist ein junger Löwe, der hervorspringt aus Basan.« Hier werden tatsächlich Parallelen sichtbar, die der Beschreibung des Antichristen gleichen. Dieser Despot täuscht mit großer List die ganze Menschheit. Er wird einmal vorgeben, endlich auf dieser Erde Recht zu schaffen. Jeder soll durch ihn persönlich zu seinem Recht kommen. Weiter betrügt er die ahnungslosen Menschen mit einer Friedensmission. Blind vertrauen die Völker mit ihren Regenten diesem Ränkeschmied, bis er seine Maske fallen läßt und wie eine Schlange, eine Otter am Weg aus dem Verborgenen aufschnellt und sein grausames Werk vollbringt. List, Tücke und Hinterhalt kennzeichnen sein Wesen, und mit seinen lügnerischen Friedensplänen lockt er die Menschheit in sein verderbliches Netz. »Rücklings stürzt der Reiter zu Boden«: ein Bild vom Überwältigtsein, von einem Opfer des Verderbers.

Weil der Stamm Dan in Offenbarung 7 bei der Aufzählung der Versiegelten aus den zwölf Stämmen Israels fehlt, nehmen manche Ausleger an, daß aus diesem Stamm der Antichrist kommt. Daß dieser ein Jude sein muß, steht außer Frage, denn nie würde Israel einen Mann aus den Nationen als ihren Messias annehmen. Den Antichristen aber werden sie akzeptieren. Auch Daniel hat diesen traurigen Fall der Juden beschreiben müssen. Aus vielen Stellen, die Daniel in seinem Buch über die sieben Jahre der großen Trübsal Israels schreibt, wollen wir ein Zitat hier anführen: »Und das Volk des kommenden Fürsten wird die Stadt und das Heiligtum zerstören, und das Ende davon wird durch die überströmende Flut sein; und bis ans Ende: Krieg, Festbeschlossenes von Verwüstungen. Und er wird einen festen Bund mit den Vielen (mit der Masse des jüdischen Volkes) schließen für eine Woche (sieben Jahre); und zur Hälfte der Woche wird er Schlachtopfer und Speisopfer aufhören lassen« (Dan. 9,26-27). In seiner Vermessenheit geht der Antichrist so weit, daß er sich in den Tempel zu Jerusalem setzt und sich als Gott verehren läßt, wie Paulus das beschreibt (2. Thess. 2,3-4).

Wie furchtbar! Einer aus der Mitte Israels wird mit solchen Intrigen arbeiten. Das Volk Israel wird diesen Menschen der Sünde, diesen Sohn des Verderbens, wie die Bibel ihn nennt, mit Freuden begrüßen und als ihren Messias annehmen; bald aber wird dieser Antichrist sich als der furchtbare Ränkespieler, in dem der Satan leibhaftig wohnt, offenbaren.

Als man den Herrn Jesus, den wahren Gesalbten Gottes, nicht annehmen wollte, rief Er diesem Volk zu: »Ich bin in dem Namen meines Vaters gekommen, und ihr nehmet mich nicht auf; wenn ein anderer in seinem eigenen Namen kommt, den werdet ihr aufnehmen« (Joh. 5,43).

So kann mancher Hinweis auf die Weissagung über den Stamm Dan Aufschluß geben.

Nur die Gnade kann so handeln

Wenn wir diese Prophezeiungen im Blick auf den Stamm Dan überdenken, stehen wir staunend vor dem Gott aller Gnade. Grundsätzlich handelt Er anders als der Mensch. Er kann auch nie von einem Geschehen überrascht werden; von allem hat Er Vorkenntnis; nichts kann geschehen, was Er nicht zuläßt. Alles und jedes muß Gott dienen und helfen, daß Sein Plan, Seine Gedanken verwirklicht werden.

In Seinem Handeln mit den Eltern Simsons wird die triumphierende Gnade Gottes so besonders eindrucksvoll sichtbar. Niemand ist Ihm zu schlecht oder zu tief gesunken. Gottes Güte und Menschenliebe übersteigt alles Denken und Erkennen. Gerade das Kleine, das Verachtete, das, was in den Augen der Menschen nichts bedeutet, das Unwerte, das erwählt Er sich, damit Seine unbegreifliche Gnade den Sieg davonträgt. Ein Dichter singt so treffend: »Die Gnade kennet keine Schranken, und Liebe bleibet ewiglich!«

Jeder Anlaß ist dem Herrn willkommen, dem armen, verlorenen, bußfertigen Sünder in Gnaden zu begegnen. Er wartet darauf, Seine Liebe, Seine Güte, Seine alles Denken übersteigende Barmherzigkeit zu enthüllen..

Nie hätten wir gerade aus diesem Stamm Dan einen Retter ersehen, und hierfür einen Mann gewählt, der sich als moralisch nicht sehr hochstehend erweisen würde. Doch bei solchen Überlegungen sollten wir uns fragen, ob wir bereit sind, uns auf eine Stufe neben Simson zu stellen. Schnell leben wir in einem geistlichen Hochmut, der es unter seiner Würde findet, einen tief Gefallenen auch nur zu beachten. Unser Herr mußte sich von einem solchen Selbstgerechten sagen lassen: »Er nimmt die Sünder auf und ißt mit ihnen.« Jesus Christus machte Gemeinschaft mit solchen, die abqualifiziert waren, über die man die Nase rümpfte. Gerade diese Menschen aber brauchen und suchen einen Heiland.

In Lukas 15 erzählt der Herr Jesus in drei Gleichnissen von der suchenden, wartenden und findenden Liebe Gottes. Es ist wunderbar, mit welchen Worten dieses Kapitel beginnt: »Es nahten aber zu ihm alle Zöllner und Sünder, ihn zu hören.« Diese Menschen waren nicht wundersüchtig, sie hatten kein anderes Verlangen, als den Worten des Herrn Jesus zu lauschen, den Worten Seiner Gnade und Liebe. Nur Sein Wort macht lebendig, denn es kommt aus Seinem heiligen Mund. Jene Verachteten, über die auch hier die Pharisäer und Schriftgelehrten übel redeten, brauchten diese Worte ewigen Lebens. Deshalb lauschten sie der Botschaft des göttlichen Erbarmens. Gottes Wort ist Geist und Leben! Wohl allen, die es in sich aufnehmen als inspiriertes Gotteswort.

Die Gnade ist heilbringend erschienen,

sagt die Bibel. Das heißt, sie ist in dem Herrn Jesus Christus personifiziert. Sie ist erschienen für alle Menschen. Jeder ist gerufen, sich von ihr beschenken zu lassen. Es kommen aber nur solche, die das Heil suchen, die sich als verlorene Sünder erkannt haben und keinen Ausweg mehr wissen. Zur Zeit, als der Herr Jesus auf dieser Erde war, nahten sich die Zöllner und Sünder, Menschen, die sich schuldig wußten und einer Begegnung mit Gott, dem Richter, mit Furcht entgegensahen.

Leider erkennen nicht alle Menschen die gefahrvolle Lage, in der sie leben. Gottes Wort sagt, daß wir alle Sünder sind und keiner von uns aus die Herrlichkeit Gottes erlangen kann. Würde es die Bibel bei dieser Feststellung bewenden lassen, würde die ganze Menschheit dem Gericht Gottes verfallen. Gott sei Dank, daß Er den Ausweg selbst schaffte. Wer zu Jesus, dem Retter, der auf Golgatha am Kreuz unsere Sünden sühnte, kommt, wird umsonst, ohne Werke, ohne menschliche Anstrengungen oder fleischliche Übungen gerechtfertigt. Das Gerechtsprechen durch Gott erfolgt nur auf dem Boden absoluter Gnade. Jegliche Mithilfe des Menschen ist dabei ausgeschlossen. Wer seine Sünden bekennt, wer diese Gottesgnade sucht, dem ist die Vergebung und Annahme zugesichert. Die Frommen und Selbstgerechten schließen sich selbst vom Gnadenhandeln Gottes aus. Ihnen ist diese Gnade zu billig. »So einfach darf man es sich nun doch nicht machen«, lautet ihr Einwand. »Ohne Mithilfe des Menschen, ohne eine dauernde Besserung oder Heiligung durch gute Werke kann nichts geschehen!« Diese irrige Ansicht widerspricht total den Aussprüchen Gottes. Wie kann ein Mensch, der nach dem Wort der Bibel »tot ist in Sünden und Übertretungen«, das Geringste zu seiner Erlösung beitragen?

Wie soll ein Toter aus eigener Anstrengung zum göttlichen Leben gelangen? Muß hier nicht jeder verzweifeln und rufen: »O Gott, du Heiliger und Gerechter, wie soll ich vor dir bestehen? Sei mir doch gnädig um Jesus willen, der am Kreuz an meiner Stelle im Gericht hing und meine Missetaten sühnte!« Das ist ein Gebet, das Gottes Herz bewegt. Sofort antwortet Er: »Ich werde deiner Sünden nie mehr gedenken!« Warum? Weil der Glaube, dieses Gottesgeschenk, in der Annahme der Gnade sichtbar und wirksam wurde. Der Glaube ist die Hand, die entgegennimmt, was Gott in Seiner Gnade darreicht. Für den Glaubenden beginnt ein Leben in der Nachfolge Jesus, ein Leben der Freude und Dankbarkeit.

Manoah wird unterwiesen

Nachdem der Engel Gottes die Eltern Simsons nochmals eingehend belehrt hatte, wie sie sich in der Zeit der Schwangerschaft verhalten sollten, wollte Manoah in Dankbarkeit Gastfreundschaft üben. Er sprach zu dem Engel: »Laß dich doch von uns aufhalten, so wollen wir dir ein Ziegenböcklein zubereiten.« In bester Absicht möchte er Gott etwas bringen, Ihm Freude bereiten, denn mit dem Heiligen und Unnahbaren hat er es bei dieser Begegnung zu tun. Wenn wir im Alten Testament vom Engel des Herrn lesen, offenbart sich Gott in einer sichtbaren Körperform. Unmöglich ist es für ein Geschöpf, Ihn selbst, den Wunderbaren, den Unsichtbaren zu schauen. Darum tritt Gott in unterschiedlichen Gestalten auf, wenn Er bei besonders wichtigen Ereignissen handelt.

Zum besseren Verständnis wollen wir eine Bibelstelle anführen: »Da rief ihm der Engel des Herrn vom Himmel zu und sprach: Abraham, Abraham! Und er sprach: Hier bin ich! Und er sprach: Strecke deine Hand nicht aus nach dem Knaben und tue ihm gar nichts! Denn nun weiß ich, daß du Gott fürchtest und deinen Sohn, deinen einzigen mir nicht vorenthalten hast« (1. Mose 22,11-12).

Nie hätte ein Engel den Ausspruch gewagt: »Du hast mir deinen Sohn nicht vorenthalten.« Es ist Gott selbst, der auf diese Weise zu einem Menschen kommt. Für uns gab es weder Weg noch Möglichkeit, mit Gott in Verbindung zu treten. Gott muß immer den ersten Schritt tun. Darum sagte auch der Herr Jesus: »Ich bin der Weg ... der zum Vater führt.« Gott war in Christus und kam zu uns, damit wir durch Christus zu Gott gelangen konnten. So singt ein Dichter: »Da wir zu dir nicht kommen konnten, kamst du zu uns von oben her. Es ist die wunderbare Lieb', die dich zu uns ins Elend trieb.«

Alle Segnungen sind möglich auf der Grundlage des Opfers

Das gutgemeinte Angebot Manoahs wies der Engel des Herrn, ja, der Herr selbst, entschieden zurück und antwortete: »Wenn du mich auch aufhieltest, ich würde nicht von deinem Brot essen; willst du aber ein Brandopfer opfern, so opfere es dem Herrn. Denn Manoah wußte nicht, daß es der Engel des Herrn war.«

Erneut erkennen wir an dieser Entgegnung, daß ein Mensch Gott nur auf der von Ihm gelegten Grundlage nahen kann. Gott kann nur durch Gott erkannt werden, durch den Heiligen Geist. Gott kann auch nur durch Gott gedient, erfreut, gedankt und angebetet werden. Was nicht von Gott kommt, kann Gott nicht akzeptieren: »Gott sucht solche, die Ihn anbeten in Geist und Wahrheit!«

Darum ist die Belehrung, die Manoah empfing, für uns alle wichtig. Würde das mehr verstanden, wären menschliche Aufführungen weniger mit »Gottesdienst« bezeichnet.

Manoah hatte sofort begriffen, was geschehen mußte. Doch bevor er ein Opfer brachte, sprach er zu dem Engel: »Wie ist dein Name, daß wir dich ehren, wenn dein Wort eintrifft?«

Die Frage nach dem Namen Gottes finden wir zu einigen Anlässen in der Bibel. Von je her war es das Bestreben des Menschen, in das Wesen des Höchsten einzudringen, Ihn zu erfassen, zu erkennen und zu begreifen. Daß dies unmöglich ist, müßte eigentlich jedem einleuchten. Die Frage nach Seinem Namen bedeutet: Erkläre mir dein Wesen! Der Name ist in der Bibel mit dem Wesen gleichzusetzen. Aber nie paßt der Unerklärbare in menschliche Begriffe. Wäre Gott erklärbar, könnte Er unmöglich Gott sein. Doch die Neugier des Menschen zu diesem Thema war immer recht groß. Er, der Unfaßbare, Allmächtige, Alles-Erfüllende, Allwissende, Gnädige, Gerechte und Liebende ist so groß, so gewaltig, so alles Denken sprengend, daß wir vor Ihm nur in Bewunderung und Anbetung in den Staub sinken können.

Als Mose Ihn fragte: »Wenn das Volk mich nach Deinem Namen fragt, was soll ich ihnen sagen?« antwortete Gott in großer Herablassung: »Ich bin, der ich bin!« Das heißt: Ich bin, der ich immer war und immer sein werde, der sich nicht ändern kann, der absolut Ewige, Unnahbare! Bei mir gibt es keine Vergangenheit und keine Zukunft, sondern ewige Gegenwart! Kein Schatten eines Wechsels kann bei mir sein, meine Gnade, Liebe, Gerechtigkeit und Heiligkeit kann nie vermehrt oder gemindert werden. Alles in mir ist vollkommen, und alle meine Wesensarten bleiben, wie sie von Ewigkeit her waren.

Gott lüftet ein wenig den Schleier

Mose hatte ein besonders inniges Verhältnis zu seinem Gott. Von ihm lesen wir: »Und der Herr redete mit Mose von Angesicht zu Angesicht, wie ein Mann mit seinem Freund redet« (2. Mose 33,11). Dieses Kapitel der Bibel läßt uns tief in die vertraute Zwiesprache schauen, die Mose mit seinem Gott führte, als dieser sich ängstlich wegen der weiteren Führung des Volkes Israel an Gott wandte: »Siehe, du sprichst zu mir: Führe dieses Volk hinauf, aber du hast mich nicht wissen lassen, wen du mit mir senden willst? Und du hast doch gesagt: Ich kenne dich mit Namen und du hast auch Gnade gefunden in meinen Augen. Und nun, wenn ich denn Gnade gefunden habe in deinen Augen, so laß mich doch deinen Weg wissen, daß ich dich erkenne, damit ich Gnade finde in deinen Augen ... Und der Herr sprach: Mein Angesicht wird mitgehen, und ich werde dir Ruhe geben« (2. Mose 33,12-14).

Wir staunen über die Herablassung Gottes und über die Vertrautheit zwischen Ihm und einem schwachen Menschen. Beim Lesen dieses Textes meint man, eine gewisse Freude zu spüren, die das Herz Gottes bewegte, als Er sich mit Seinem Freund Mose unterhielt. Gott wird nicht unwillig über das schwache Vertrauen dieses Mannes, sondern Er geht völlig auf dessen menschliche Empfindungen ein. Mose wird dadurch ermutigt, mit seinen Bitten fortzufahren: »Und woran soll es denn erkannt werden, daß ich Gnade gefunden habe in deinen Augen, ich und dein Volk? Nicht daran, daß du mit uns gehst, und wir ausgesondert werden...? Und der Herr sprach: Auch dieses, was du gesagt hast, werde ich tun; denn du hast Gnade gefunden in meinen Augen, und ich kenne dich mit Namen. Und er (Mose) sprach: Laß mich doch deine Herrlichkeit sehen!«

Auch hier haben wir den Wunsch eines Menschen, tiefer in das Wesen Gottes zu schauen. Die Herrlichkeit Gottes sehen und Seinen gewaltigen Namen wissen zu wollen, kommen aus dem gleichen Motiv. Doch der Herr weist niemanden in seine Schranken zurück, wenn wir in heiliger Ehrfurcht mehr und besser die Tiefen und Höhen der Majestät des Höchsten erkennen möchten.

In der Gnadenzeit hat sich der Ewige in Christus ohne Hülle gezeigt. Paulus konnte schreiben: »Wir alle aber, mit aufgedecktem Angesicht die Herrlichkeit des Herrn anschauend, werden verwandelt nach demselben Bild von Herrlichkeit zu Herrlichkeit, als durch den Herrn, den Geist.« Der Geist Gottes allein kann uns dieses hehre Bild vermitteln. Alles was Gott meint, geht uns von Ihm aus. Nie könnte ein Sünder zur Erkenntnis des Heils kommen, wenn Gott sich ihm nicht zuerst nahte und den Menschen durch Seinen Geist in Sein heiliges Licht stellen würde.

Sein Knecht darf in Gottes Herz schauen

War Mose nicht zu kühn in seiner Bitte? Nein, der Herr läßt sich zu Seinem Knecht herab. Wenn Er ihm auch Seine Herrlichkeit nicht zeigen konnte, weil das sein Leben gekostet hätte, so ließ Gott ihn doch einen Blick in Sein Herz tun. Wir lesen: »Und der Herr sprach: Ich werde alle meine Güte vor deinem Angesicht vorübergehen lassen und werden den Namen des Herrn vor dir ausrufen; und ich werde begnadigen, wen ich begnadigen werde, und werde mich erbarmen, wessen ich mich erbarmen werde... Du vermagst mein Angesicht nicht zu sehen, denn nicht kann ein Mensch mich sehen und am Leben bleiben.«

Darauf stellte Gott Mose in eine Felsenkluft, deckte ihn mit Seiner starken Hand und ließ die Herrlichkeit Gottes an ihm vorüberziehen. Welche Herablassung! So ist unser Gott! Ach, wenn wir doch alle ein so tiefes Vertrauensverhältnis zu Ihm pflegen würden!

In der Begegnung mit Mose gibt Gott Seinen Namen auch nicht bekannt, aber alles, was dieser Name, was Gottes Wesen beinhaltet: Gnade, Güte und Erbarmen! So hat Gott sich auch in Seinem Sohn vollkommen geoffenbart. Heute dürfen wir mit Johannes erleben: »Wir haben seine Herrlichkeit angeschaut, eine Herrlichkeit als eines Eingeborenen vom Vater, voller Gnade und Wahrheit.« Wohl allen, die sich dieser Offenbarung öffnen und sich in Gottes Herrlichkeit vertiefen! Ein größeres Vorrecht gibt es nicht!

Warum Mose »Freund Gottes« genannt wurde, geht aus der Beurteilung hervor, die Gott ihm ausstellte. Als Mirjam und Aaron mit Mose wegen dessen Frau haderten, die eine Kuschitin war, rief der Herr ihnen zu: »Höret meine Worte! Wenn ein Prophet unter euch ist, dem will ich, der Herr, in einem Gesicht mich kundtun, in einem Traum will ich mit ihm reden. Nicht also mein Knecht Mose. Er ist treu in meinem ganzen Haus; mit ihm rede ich von Mund zu Mund, und deutlich und nicht in Rätseln, und das Bild des Herrn schaut er« (4. Mose 12,6-8).

Dem Treuen und Aufrichtigen gewährt Gott einen Blick in Sein Herz. In einer anderen Bibelstelle heißt es: »Das Geheimnis Gottes ist bei den Aufrichtigen; ich wohne ihm Heiligtum und in der Höhe und bei dem, der zerschlagenen und gebeugten Geistes ist, um zu beleben den Geist der Gebeugten und zu beleben das Herz der Zerschlagenen« (Jes. 57,15).

Gott richtet Seinen Knecht auf

Wie der Herr Seine Zusagen einlöst, zeigt uns ein anderes Ereignis. Elia, der große Eiferer für Gott, hat den gesamten Baalskult zerschlagen. Mutig stand er als Einzelner der Masse der Baalspriester und deren Anhang gegenüber und vollbrachte eine Glaubenstat, die uns aufhorchen läßt. Sein Auftreten bewegte das Volk Israel zu einem Neuanfang, zu einer neuen Hingabe an den Gott des Himmels. Die Verehrung des Götzen Baal brach zusammen. Die heidnische Isabel, die Frau des Königs Ahab aber drohte dem Elia, ihn umbringen zu lassen. Dieser Glaubensheld, der vorher eine riesige Schar von Feinden Gottes besiegte, und überführt hatte, versteckte sich jetzt vor einer Frau; er floh und begehrte zu sterben. Elia war ein Mann von gleichen Gemütsbewegungen wie wir alle. Läßt ihn Gott nun unter einem Ginsterstrauch sitzen? Unmöglich! Keiner weiß besser um die Nöte in unserem Menschsein als Er. Wer will sich von solchen Seelenschwankungen freisprechen? Besonders wenn im Glaubenskampf das Letzte gefordert wurde, können Ermüdungen, Enttäuschungen und der Blick auf die eigene Schwachheit den Mutigen zum Erliegen bringen.

Gott erbarmte sich Seines Knechtes. Er sandte Elia einen Engel, der ihm eine Speise brachte, in deren Kraft er vierzig Tage und vierzig Nächte wanderte, bis er den Berg Horeb erreichte. Hier sprach Gott Elia persönlich an und fragte nach dem Grund seines Aufenthalts weg von Israel. Der Mann Gottes wagte es, in seiner Verzagtheit das Volk Gottes zu verklagen: »… die Kinder Israel haben deinen Bund verlassen, deine Altäre niedergerissen und deine Propheten mit dem

Schwert getötet; und ich allein bin übrig geblieben, und sie trachten danach, mir das Leben zu nehmen« (1. Kön. 19,10).

Gehörten diese Klagen des Propheten nicht in die Vergangenheit? Hatte Gott nicht wunderbar eingegriffen und auf Elias Rufen geantwortet? Warum noch diese Anklage? Doch der Herr tadelt Seinen Knecht nicht, sondern Er belehrte ihn durch ein eindrucksvolles Geschehen; auch Elia darf einen erneuten Blick in das gütige, liebende Gottesherz tun.

Der Herr sprach zu dem Mann Gottes: »Gehe hinaus und stelle dich auf den Berg vor den Herrn! Und siehe, der Herr ging vorüber, und ein Wind, groß und stark, zerriß die Berge und zerschmetterte die Felsen vor dem Herrn her; und der Herr war nicht in dem Wind. Und nach dem Wind ein Erdbeben; der Herr war nicht in dem Erdbeben. Und nach dem Erdbeben ein Feuer; der Herr war nicht in dem Feuer. Und nach dem Feuer der Ton eines leisen Säuselns. Und es geschah, als Elia es hörte, da verhüllte er sein Angesicht mit dem Mantel, und ging hinaus und stellte sich an den Eingang der Höhle. Und siehe, eine Stimme geschah zu ihm also: Was tust du hier, Elia?« (1. Könige 19,11-13). Und wieder verklagte der Prophet Gottes Volk. Er hatte die liebliche Sprache seines Gottes nicht verstanden.

Sturm, Erdbeben und Feuer sind Bilder des Gerichts. Gott hatte so gehandelt durch Seinen Knecht. Auch war Elia nicht der einzige, der für Gott übriggeblieben war. Siebentausend hatten in Israel ihre Knie nicht vor dem Baal gebeugt. Das ist eine symbolhafte Zahl, die andeutet, daß Israel seiner völligen Verantwortung nicht entsprochen, aber der Herr sich einen Überrest aufbewahrt hatte. Nicht der Prophet war der Handelnde gewesen, sondern Gott selbst. Er hatte das Volk im Gericht unterwiesen und in der Kraft des Geistes Gottes, durch das leise Säuseln versinnbildlicht zur Erneuerung gebracht. Gott wollte in des Offenbarung Seines Wesens den Mann Gottes zurecht bringen und ihm eine tiefere Schau vermitteln, doch Elia verstand diese Sprache nicht, und Gott mußte ihn anweisen, einen Nachfolger, den Elisa, zu salben.

In dieser Begebenheit liegt eine wichtige Belehrung. Wir

dürfen über den Tiefstand des Volkes Gottes trauern, Schmerz empfinden und vor allem um Heilung und Neubelebung beten, doch Gott kann es nie hinnehmen, daß wir die Erlösten vor Ihm verklagen. Es ist falsch, mit lieblosem Geschwätz über Kinder Gottes zu reden. Wie mancher ist dadurch unglaubwürdig, ja, sogar verwerflich geworden. Gott kann solche Anklagen nie gutheißen. Als Bileam (»Verschlinger des Volkes« wird sein Name übersetzt) von dem moabitischen König Balak aus Mesopotamien gerufen wurde, das Volk Israel zu verfluchen, ließ der Herr dies nicht zu, sondern der falsche Prophet mußte den Fluch in Segen umwandeln. Statt die Schwachheit und das Versagen des Volkes anzuprangern, wurde sein Blick dafür geöffnet, wie Gott sein Volk als eine erlöste Schar sah. Die Worte, die der Seher ausrufen mußte, sind ergreifend: »Nicht ein Mensch ist Gott, daß er lüge, noch ein Menschensohn, daß er bereue. Sollte er gesprochen haben und es nicht tun, und geredet haben und es nicht aufhalten? Siehe, zu segnen habe ich empfangen; und er hat gesegnet und ich kann es nicht wenden. Er erblickt keine Ungerechtigkeit in Jakob und sieht kein Unrecht in Israel; der Herr, sein Gott, ist mit ihm, und Jubelgeschrei wie um einen König ist unter ihm... Wie schön sind deine Zelte, Jakob, deine Wohnungen, Israel! Gleich Tälern breiten sie sich aus, gleich Gärten am Strom, gleich Aloebäumen, die der Herr gepflanzt hat, gleich Cedern am Gewässer« (4. Mose 23 u. 24).

So eifersüchtig wacht Gott über Sein Volk, denn Seine Ehre ist eng mit den Seinen verbunden. Wer in den Erlösten das Werk Gottes sieht: Seine Erlösung, Seine Pflege, Sein Durchtragen, Sein Vollenden, kann nicht übel über Gottes Volk reden, ja, nicht einmal denken.

Mein Name ist wunderbar

Der Name beinhaltet das Wesen der Person, die ihn trägt. Hier haben wir den wunderbaren Gott vor uns, dessen Wesen und Handeln wir bewundern müssen. Jesaja konnte auf den Herrn hinweisen und bezeugen: »Man nennt seinen Namen: Wunderbarer, Berater, starker Gott, Vater der Ewigkeit, Friedefürst.«

Wer will den Inhalt solcher Offenbarungen erklären? Wir dürfen uns jedoch vom Geist Gottes auf diese Höhen mitnehmen lassen und in staunender Anbetung von ferne stehen und rufen: »Das ist unser Gott, der sich so zu uns herabläßt und in Christus Jesus unser Vater geworden ist. Er ist wunderbar in Seinem Wesen, und Seine Werke sind unbegreiflich.« Mit dem Psalmisten müssen wir bekennen: »Wunderbar hat er seine Güte an mir erwiesen,... wunderbar ist es in unseren Augen... Wunderbar sind deine Zeugnisse, darum bewahrt sie mein Herz.«

Wenn der Prophet auf das Versagen des Volkes Israel hinweist und Gottes Vorhaben ankündigt: »Siehe, ich bin der, der einen Stein gegründet hat in Zion, einen bewährten Stein, einen kostbaren Eckstein, aufs festeste gegründet; wer glaubt, wird nicht ängstlich eilen«, will Er auf Gottes Erbarmen hinweisen. »Denn wie der Pflüger nicht immer pflügt und wie der Dreschschlitten nicht unaufhörlich über den Dill dahinfährt: er zermalmt es nicht; so will auch Er nicht ständig im Gericht dem Volk entgegentreten, sondern selbst die Erlösung durchführen.« Dieses Bild aus dem Leben beschließt Jesaja mit dem Wort: »Auch dieses geht aus vom Herrn der Heerscharen; er ist wunderbar in seinem Rat, groß an Verstand... Darum, siehe, will ich fortan wunderbar mit diesem Volk handeln, wunderbar und wundersam...« (aus Jes. 28 u. 29).

Zum Ruhm Gottes und zum Heil des Volkes Israel wird sich die Gnade wider das Gericht rühmen. Wenn Gott schlägt, heilt Er wieder, wenn Er züchtigt, will Er nur zur Einsicht bringen. Wie Sein heiliger Name »wunderbar« ist, so auch Sein Tun. Zu Herzen gehend sind die Worte, die der wunderbare Gott Seinen Propheten in den Mund legt, wenn Er auf die Wiederherstellung Israels hinweist. Zu den schon zitierten Stellen wollen wir noch andere folgen lassen, um die Güte, Gnade und das göttliche Erbarmen herauszustellen. »Und die Straßen der Stadt (Jerusalem) werden voll sein von Knaben und Mädchen, die auf seinen Straßen spielen. So spricht der Herr der Heerscharen: Wenn es wunderbar ist in den Augen des Überrestes dieses Volkes (die im Gericht übriggeblieben sind) in jenen Tagen, wird es auch in meinen Augen wunderbar sein? Siehe, ich werde mein Volk retten aus dem Land des Aufgangs der Sonne; und ich werde sie herbeibringen, und sie werden inmitten von Jerusalem wohnen; und sie werden mein Volk, und ich werde ihr Gott sein in Wahrheit und in Gerechtigkeit« (Sach. 8,5-8).

Wie einmalig schön wird es sein, wenn dieses arme Volk endlich in Ruhe wohnen kann, wenn der Druck durch die umliegenden, arabischen Völker aufhört und diese erkennen müssen, daß sie nur durch dieses Volk gesegnet werden können. Die Stunde kommt, von der ein Prophet geredet hat: »Und ihr werdet essen, essen und satt werden, und werdet den Namen des Herrn, eures Gottes, preisen, der Wunderbares an euch getan hat. Und mein Volk soll nimmermehr beschämt werden. Und ihr werdet wissen, daß ich in Israels Mitte bin, und daß ich, der Herr, euer Gott bin, und keiner sonst. Und mein Volk soll nimmermehr beschämt werden« (Joel 2,26-27).

Manoah opfert dem Herrn

Sobald Manoah den Namen Gottes gehört hatte, nahm er ein Ziegenböcklein und ein Speisopfer, um es dem Herrn auf dem Felsen zu opfern. »Gott aber handelte wunderbar, Er tat ein Wunder, Manoah aber und seine Frau sahen zu. Und es geschah, als die Flamme vom Altar gen Himmel emporstieg, da fuhr der Engel des Herrn in der Flamme des Altars hinauf.«

Jetzt war die Grundlage gelegt, auf der Gott handeln konnte. Daß nicht nur Sein Name »Wunderbarer« heißt, sondern Er auch wunderbar in Seinem ganzen Wirken ist, wird nicht nur an dem Bericht über Simson sichtbar, sondern geht durch die ganze Menschheits- und Reichsgottesgeschichte. Hier bei

Simsons Eltern und später in Simson selbst begegnet der Herr in Gnaden Seinem unter schwerem Druck der Feinde lebenden Volk. Er bringt ihnen die Befreiung, weil auf der Grundlage des Opfers die Gnade triumphieren, der Gerechte und Heilige Vergebung gewähren kann. Wahrlich, der Name »Wunderbarer« ist für Ihn berechtigt!

Wenn wir diese Wahrheit immer bedenken wollten, würden wir jubelnd und dankbar unsere Straße ziehen. Hat der Herr nicht auch wunderbar mit uns gehandelt? Hat Er uns nicht aus dem Sumpf der Sünde gezogen und uns auf der Grundlage des Opfers am Kreuz Vergebung geschenkt? War Ihm irgendein Mensch zu tief gesunken? Waren Ihm unsere Sklavenketten zu stark? Haben wir nicht erlebt: »Wen der Sohn frei macht, der ist wirklich frei?« »Ach, daß ich dich so spät erkannte, du hochgelobte Schönheit du! Und dich so spät mein eigen nannte...«, so müssen wir doch alle ausrufen. Wunderbar ist Er und wunderbar Sein Opfer, wunderbar die Erlösung und wunderbar unser ewiges sicheres Teil, die Hoffnung der Herrlichkeit!

Die Gotteskinder sollten sich mehr auf diese Höhen mitnehmen lassen! Gottes Geist verklärt so gern die Person und das Werk unseres Erlösers. Die Tiefen und die Höhen Seines kostbaren Wesens umfassender zu ergründen, ist schon ein Stück Himmel hier auf der Erde. Wunderbar ist Gottes Kommen, Seine Geburt und Menschwerdung; wunderbar ist das Leben des Herrn Jesus im Durchgang durch dieses Tränental; wunderbar ist Seine Stellvertretung, Sein Opfertod am Kreuz; wunderbar ist Seine Auferstehung, Seine Himmelfahrt und Seine baldige Wiederkehr zur Abholung Seiner Leibesgemeinde, wunderbar nach dem kommenden Gericht über diesen Erdkreis und die Aufrichtung des Friedensreiches mit Israel.

Immer kann Gott nur auf der Grundlage des Opfers handeln

Darum gleicht der Weg der Zurechtbringung des Volkes Israel dem Tun Gottes mit uns. Wenn die Juden auch im Gegensatz zur neutestamentlichen Gemeinde durch Schauen zum Glauben kommen werden, kann das doch nur auf der Grundlage des Kreuzes geschehen. Darum konnte der Herr bei Seinem ersten Kommen noch nicht das Reich des Friedens aufrichten. Die Abfolge der Pläne Gottes lag durch Prophetenmund fest. Gott hatte das Fundament, auf dem Er handeln wollte, genau beschreiben lassen. Wir lesen nicht nur von der Verstockung Israels und der Verwerfung ihres Messias, sondern auch von der Grundlage ihrer Zurechtbringung. Das Lamm, das geopfert werden mußte, war schon vor Grundlegung der Welt erwählt. Sein Verrat durch Judas für dreißig Silberlinge, die Geißelung des Herrn und Seinen Tod finden wir in den alten Weissagungen. Besonders ausführlich ist Israels Buße und die Annahme des Messias beschrieben. Besonders schön schildert Jesaja diesen Werdegang. In seinem 53. Kapitel finden wir die Stellvertretung, die Erlösung, den Tod und das Gericht Gottes durch und an dem Messias.

Auf diesem Fundament konnte Gott Seinem Volk die Zusicherung geben: »Du hast mir zu schaffen gemacht mit deinen Sünden; du hast mich ermüdet mit deinen Missetaten. Ich, ich bin es, der deine Übertretungen tilgt, um meinetwillen; und deiner Sünden will ich nicht mehr gedenken. Fürchte dich nicht, denn ich habe dich erlöst; ich habe dich bei deinem Namen gerufen, du bist mein.« Im 44. Kapitel ruft Jesaja dem Volk in Gottes Auftrag zu: »Ich habe deine Übertretungen getilgt wie einen Nebel, und wie eine Wolke deine Sünden. Kehre um zu mir, denn ich habe dich erlöst! Jubelt, ihr Himmel! denn der Herr hat es vollführt; jauchzet, ihr Tiefen der Erde! Brechet in Jubel aus, ihr Berge, ... denn der Herr hat Jakob erlöst, und an Israel verherrlicht er sich.«

Herrlich ist diese Grundlage, auf der die Gnade wirksam werden kann. So verkündet der Prophet weiter: »Kommt denn und laßt uns miteinander rechten, spricht der Herr. Wenn eure Sünden wie Scharlach sind, wie Schnee sollen sie weiß werden; wenn sie rot sind wie Karmesin, wie Wolle sollen sie werden.

Israel wird dann jubeln: »Ich preise dich, Herr; denn du warst gegen mich erzürnt: dein Zorn hat sich gewendet, und du hast mich getröstet. Siehe, Gott ist mein Heil, ich vertraue und fürchte mich nicht; denn Jah, der Herr, ist meine Stärke und mein Gesang, und er ist mir zum Heil geworden« (Jes. 12,1-2). Weitere Worte Jesajas können wir zitieren: »Und mit Wonne werdet ihr Wasser schöpfen aus den Quellen des Heils, und werdet sprechen an jenem Tag: Preiset den Herrn, rufet seinen Namen aus, machet unter den Völkern seine Taten kund, verkündet, daß sein Name hoch erhaben ist! Besinget den Herrn, denn Herrliches hat er getan; solches werde kund auf der ganzen Erde! Jauchze und juble, Bewohnerin von Zion! denn groß ist in deiner Mitte der Heilige Israels.« Wer will und kann die Freude dieses Volkes beschreiben, die bei der Erkenntnis der vollkommenen Erlösung aufbricht: »Hoch erfreue ich mich in dem Herrn; meine Seele soll frohlocken in meinem Gott! Denn er hat mich bekleidet mit den Kleidern des Heils, den Mantel der Gerechtigkeit mir umgetan, wie ein Bräutigam den Kopfschmuck nach Priesterart anlegt, und wie eine Braut sich schmückt mit ihrem Geschmeide« (Jes. 61,10).

Buße bewegt den Arm Gottes

Alle diese Segnungen schenkt Gott, weil Sein Volk in echter Buße und innerem Zerbruch sich in seiner Ohnmacht zu Ihm gewandt hat. Diese Einsicht und Umkehr beschreiben die Propheten an vielen Stellen. Wer an der Inspiration der Bibel zweifelt, betrachte die Geschichte Israels. Viele Aussagen haben sich bereits erfüllt, bei anderen steht das noch aus.

Jesaja beginnt das 64. Kapitel seines Buches mit einem Aufschrei: »O daß du die Himmel zerrissest, herniederführest, daß vor deinem Angesicht die Berge erbebten, wie Feuer Reisig entzündet, Feuer die Wasser wallen macht, um deinen Namen kundzutun deinen Widersachern; damit die Nationen vor deinem Angesicht erzittern...«

Das ist Ausdruck des Verlangens in Israel nach Wiederherstellung. Er dauert dem Volk zu lange, bis der Ruhm Gottes den Erdkreis erfüllt; ein Sehnen erfaßt sie nach der Stunde, da alle Nationen durch ihren Missionsdienst beim Herrn Zuflucht finden. Das ist verständlich. Die Israeliten die jetzt selbst die Gnade erfaßten und diese Tatsache mit den Worten besangen: »Ich will der Gütigkeit des Herrn gedenken, der Ruhmestaten des Herrn, nach allem was der Herr uns erwiesen hat, und der großen Güte gegen das Haus Israel, welche er ihnen erwiesen hat nach seinen Erbarmungen und nach der Menge seiner Gütigkeiten«, möchten gerne, daß sich die Pläne Gottes zu Seiner Ehre verwirklichen würden. Die Decke, die zweitausend Jahre auf Herz und Angesicht dieses Volkes lag, ist weggenommen. Nun erkennen sie die kostbaren Verheißungen, wonach Gott Seinen Geist auf alles Fleisch ausgießen wird und die Erde so voller Erkenntnis des Herrn sein wird, wie die Wasser den Meeresgrund bedecken. Vom Kleinsten bis zum Größten werden alle den Herrn erkennen und Ihm huldigen.

Das alles vollzieht sich auf der Linie von Bezeugung und Buße: »Siehe, du, du ergrimmtest, und wir haben gesündigt; darin sind wir schon lange, so laß uns gerettet werden! Und wir allesamt sind dem Unreinen gleich geworden, und alle unsere Gerechtigkeiten gleichen einem unflätigen Kleid, und wir verwelkten allesamt wie ein Blatt, und unsere Missetaten rafften uns dahin wie der Wind. Und da war niemand der deinen Namen anrief, der sich aufmachte, dich zu ergreifen; denn du hast dein Angesicht vor uns verborgen und uns vergehen lassen durch unsere Missetaten. — Und nun, Herr, du bist unser Vater; wir sind der Ton, und du bist unser Bildner, und wir alle sind die Werke deiner Hände. Herr, zürne nicht allzusehr und gedenke nicht ewiglich der Missetat. Sieh, schau doch her, dein Volk sind wir alle« (Jes. 64,5-9).

Klingen solche Worte nicht wie himmlische Musik. Sind es nicht vertraute Klänge, die auch aus unseren Herzen aufstiegen, als wir durch Buße und Beugung Vergebung und Gnade fanden. Wahrlich: »Welch Glück ist's erlöst zu sein durch das Blut des Sohnes Gottes!«

Trotz der Opfer noch Furcht?

Manoah und seine Frau durften sehen, wie der Engel des Herrn in der Flamme, die vom Altar emporstieg, gen Himmel fuhr. War dieses Vorrecht keine Glaubensstärkung? Wie mußten doch ihre Herzen jauchzen, denn vor ihren Augen vollzog sich die Tatsache, daß Gott ihr Opfer angenommen hatte und damit die empfangenen Verheißungen besiegelt waren. Doch statt Freude stiegen Angst und Furcht in Manoah auf. Aufgeregt sagte er seiner Frau: »Wir werden gewißlich sterben, denn wir haben Gott gesehen.«

So ist unser ängstliches Herz! Anstatt zu danken und sich zu freuen über die Offenbarung Gottes, macht sich Todesfurcht bemerkbar. Welcher Kleinmut, welche Torheit: Gott läßt sich in Seiner Gnade herab, gibt Seine Zusagen, nimmt ein Opfer an und läßt diese Menschen ein Wunder erleben, und dann sollte Er die Empfänger Seiner Geschenke umbringen?! Doch wie oft raubt diese menschliche Ängstlichkeit unnötig unseren Herzen den Genuß des Gottesfriedens!

Wer will sich hiervon freisprechen? Es ist der Ränkespieler, der Teufel, der immer zerstörend mitmischt. Offenbart sich uns der Herr und macht die Seele dabei eine Glaubenserfahrung, versucht der Böse, mit allen Mitteln den empfangenen Segen zu rauben, mindestens aber ihn zu mindern. Gott hält, was Er verspricht, und Seine Verheißungen sind unbereubar. »Nicht ein Mensch ist Gott, daß er lüge, noch ein Menschensohn, daß er bereue. Sollte er gesprochen haben und es nicht tun, und geredet haben und es nicht aufrecht halten?« (4. Mose 23,19).

Der Segen einer gottesfürchtigen Gehilfin

Manoah durfte die Richtigkeit des Wortes erleben: »Eine Frau, die den Herrn fürchtet, soll gepriesen werden.« Weisheit und Gottesfurcht gehen oft Hand in Hand. Mit Klugheit und Einsicht antwortete Manoahs Frau ihrem verängstigten Mann: »Wenn es dem Herrn gefallen hätte, uns zu töten, so hätte er nicht ein Brandopfer und Speisopfer aus unserer Hand angenommen, und er hätte uns dies alles nicht gezeigt, noch uns zu dieser Zeit dergleichen vernehmen lassen.«

Dieses Gottvertrauen war vorbildlich. Die Mutter Simsons blickte nicht auf sich, ihre innere Armut und Unzulänglichkeit, sondern auf den, der an Sein Wort gebunden ist, auf den Gott, der nur durch das Opfer zufriedengestellt werden kann, der aber auch keine Forderung an unsere sündige Natur stellen wird, sondern Sein völliges und ganzes Genüge in sich selbst und Seinem eigenen Tun findet.

Dieses Gespräch erinnert prophetisch an einen anderen Ort, dahin wo Gott ein Opfer brachte zu Seiner eigenen Verherrlichung und zu unserem Heil: unter das Kreuz von Golgatha. Wir sahen schon, daß Gott mit dieser Welt und mit uns nur in Gnaden handeln kann, weil Er Seine Ehre im Opfer seines Sohnes fand, in dem Opfer, das Er selbst brachte. Wer will dieses Wunder aller Wunder beschreiben: »Gott ist geoffenbart im Fleisch! Gott war in Christo, die Welt mit sich selbst versöhnend, ihnen ihre Übertretungen nicht zurechnend...« Das sind Geheimnisse, die kein Sterblicher ergründen oder erklären kann. Nur der Glaube schaut dieses Geschehen, beugt sich bewundernd und betet an. An Hand dieser biblischen Aussagen wird eindeutig klar: Gott kann nur durch Gott, nur durch sich selbst zufriedengestellt werden; Er kann nur eine Gerechtigkeit erwerben und an Sünder weitergeben, die Ihm selbst voll und ganz entspricht. Gott erschien in Christus Jesus; Gott lebte in Knechtsgestalt in diesem Tränen- und Todestal; Gott opferte sich selbst durch den ewigen Geist, Gott zu einem duftenden Wohlgeruch! Wer will hier folgen! Wir müssen mit dem Dichter einstimmen:

Kein Mensch dies Wunder fassen kann,
Kein Engel kann's verstehen,
Der Glaube schaut's und betet an,
Bewundert, was geschehen.
Drum sei dir unser Lob geweiht,
Denn dir, dem Herrn der Herrlichkeit,
Lob Ehr' und Ruhm gebühret.

Wenn auch die Frau Manoahs keine Ahnung von der vollkommenen Erlösung und dem allgenugsamen Opfer am Kreuz hatte, erfreute sie doch durch ihr Vertrauen das Herz Gottes. Der Inhalt ihrer Botschaft lautete: Wenn Gott uns töten wollte, hätte Er unser Opfer nicht angenommen. Wenn wir auch tausendfach den Tod verdient haben, wird uns Gott nie angreifen, weil ein stellvertretendes Lamm an unserer Stelle für uns gestorben ist. Gott kann nicht zweimal für eine Sache fordern.

Wir sehen, wie diese treue, gläubige Frau Gottes Grundsatz kannte und Ihm vertraute. Gott benutzt manchmal Frauen, um Männer, die in einem Auftrag versagen, zu beschämen. Wir finden z.B. eine Debora im Buch der Richter, eine Prophetin, die Barak ermuntern mußte, ein Heer aufzustellen, um Israel aus der Hand seiner Feinde zu befreien. Sie richtete damals in Israel, obgleich sie sich bewußt war, daß eigentlich ein Mann gefordert gewesen wäre. Barak stellte ihr die Bedingung, daß sie mit ihm in den Kampf ziehen müsse, andernfalls würde er diese Aufgabe nicht übernehmen. Barak vertraute auf die Prophetin Debora und nicht auf Gott, der allein den Sieg schenken konnte. Sein Kleinglaube brachte ihn um den Triumph des Sieges. Debora zog mit in die Schlacht, und Jael, die Frau Hebers, tötet Sisera, den Heerobersten des Königs der Kanaaniter. Wenn Männer sich nicht von Gott gebrauchen lassen, beschämt Er sie durch die Entschlossenheit und den Glauben einer Frau. So erinnerte unser Herr Jesus die Obersten der Juden an ein Ereignis in Israels Geschichte: »Viele Witwen waren in den Tagen Elias in Israel, als der Himmel drei Jahre und sechs Monate verschlossen war, so daß eine große Hungersnot über das ganze Land kam; und zu keiner von ihnen wurde Elias gesandt, als nur nach Sarepta in Sidonia, zu einer Frau, einer Witwe (eine Heidin).« Mit ihr vollzog Gott Heilsgeschichte zur Beschämung Israels.

Ähnlich stellte der Herr Jesus dem hartherzigen Volk der Juden das Gericht vor mit den Worten: »Eine Königin des Südens wird auftreten im Gericht mit diesem Geschlecht und wird es verdammen, denn sie kam von den Enden der Erde, um die Weisheit Salomos zu hören; und siehe, mehr als Salomo ist hier« (Matth. 12,42).

Maria, eine Frau, durfte den Herrn im voraus zum Begräbnis salben. Nach seiner Auferstehung offenbarte Er sich zuerst einer Maria aus Magdala. So könnten wir fortfahren und aufzeigen, daß Gott das Schwache erwählt, um das Starke zu beschämen. Was nichts ist, benutzt Er, um Seine Pläne durchzuführen. Gott handelt anders, als wir Menschen das tun würden. Weisheit von oben, geistliche Klugheit zeichnet diese Frauen aus.

Das freudige Ereignis

Gott stellt in Seiner Berichterstattung immer das für Ihn Wichtige heraus. Wir lesen nichts über die neun Monate der Schwangerschaft, noch über den Gehorsam der Frau angesichts der Forderungen Gottes an die Trägerin eines Nasirs. Gott betont nur das, was zu Seiner Heilsgeschichte gehört. Darum lesen wir kurz und bündig: »Und die Frau gebar einen Sohn; und sie gab ihm den Namen Simson (Sonnenmann).« Dieser Name zeugte von der Freude und dem Glück, die das Mutterherz erfüllten, als ihr endlich der verheißene Sohn geschenkt wurde. Die Mütter Israels gaben ihren Kindern keine Namen nach Laune oder Willkür, sondern sie verbanden mit dem Namen ihren Dank gegen den Geber aller Gaben. Ihre Freude über das Ende der Schmach einer Kinderlosigkeit war groß. So brachte das Kind Simson gleichsam Sonne in das Leben seiner Eltern. Sie schätzten sich glücklich, ein Kind für Gott geboren zu haben, einen Gottgeweihten dem Herrn Israels anvertrauen zu dürfen.

Es ist wichtig, daß Mutterliebe und mütterliche Gefühle geheiligt sind. Wird der natürliche Hang zum Kind alleiniges Motiv der Erziehung, kommt es zu katastrophalen Ergebnissen. Wo aber Gottesfurcht die Sorge um unsere Kinder befruchtet, wird der Herr den Segen nicht vorenthalten. Wenn doch jede Mutter ahnte, welch ein Vorrecht es ist, an der Schöpfung Gottes teilhaben zu dürfen! Wohl allen, die wie die Mutter des Mose eingestellt sind: »Sie sah, daß das Kind schön war und trotzte dem Gebot des Königs.« Ihr Knabe war schön für Gott! Welch eine prophetische Schau diese Mutter hatte, zeigt die Geschichte des Mose sehr deutlich.

Nicht alle Mütter gaben ihren Söhnen die rechten Namen. Eva, die Stammutter der Menschen irrte sich, als sie ihrem Erstgeborenen den Namen Kain gab. Kain bedeutet »Erworbenes«, und Eva meinte: »Ich habe einen Mann mit dem Herrn erworben.« Sie ahnte nicht, daß der verheißne Retter »nicht aus Geblüt, noch aus dem Willen des Fleisches, noch aus dem Willen des Mannes kommen konnte, sondern aus Gott geboren werden mußte«. Schon bald stellte sich die Verderbtheit der menschlichen Natur heraus, und Kain wurde der erste Mörder der Weltgeschichte. Eva aber lernte: sie nannte ihren zweiten Sohn »Abel« (= Hauch, Nichtigkeit). Dieser Name paßt für die gesamte Menschheit, für alle Nachkommen eines gefallenen, sündigen Elternpaares. Wohl allen, die ihre eigene menschliche Armut und Hilflosigkeit in Bezug auf Gott und das göttliche Leben erkennen, die den Schlangenzertreter, den Erlöser suchen und finden.

Simsons Jugendzeit

Einen einzigen Vers verwendet die Bibel an Kindheit und Jugendzeit des Gottgeweihten. Doch dieser Vers sagt uns mehr als manche umfangreiche Biographie, die wir vorfinden. Gott läßt niederschreiben: »Und der Knabe wuchs, und der Herr segnete ihn.« Daß ein gesundes Kind wächst ist ganz normal. Doch der Segen Gottes ist ein Gnadengeschenk, das Er dem zuteil werden läßt, der sich auf Seine Seite stellt zum Gehorsam und Dienst. Gott segnet gern nach Seinem Reichtum in Herrlichkeit. Wen Er segnet, der ist gesegnet und genießt das Wohlgefallen Seiner Gunst. Glücklicher Simson! Der Herr schenkt dir ohne Leistung, ohne daß du ihn darum bittest, Seine ganze Zuwendung, alles, was das Wort Segen enthält. Das sind alle göttlichen Heilsgüter, verbunden mit dem Bewußtsein, ein Aus- und Abgesonderter für Gott sein zu dürfen. Simson sollte als Erwählter Gottes hohe Aufgaben durchführen. Die Zu- und Ausrüstung hierfür liegt in dem Wort: »Und der Herr segnete ihn.«

In der Bibel finden wir das Wort »segnen« vielfach im Gegensatz zu »Fluch«. Wir unterscheiden irdische und himmlische Segnungen. In Israel spielte der irdische Segen, der vom Vater auf den Sohn weitergegeben wurde, eine wichtige Rolle Das war eine heilige Handlung, wenn im Auftrag Gottes ein Segen übertragen wurde.

Selbst wenn ein Jakob diesen Segen erschlichen hatte, konnten dessen Auswirkungen nicht mehr zurückgenommen werden. Jakob blieb der Gesegnete. An Seiner Sünde, seinen blinden Vater belogen und betrogen zu haben, mußte er bitter tragen. Gottes Zucht war sehr hart für Jakob, und sein schwerer, selbstverschuldeter Weg führte zum Zerbruch vor Gott und zu einer inneren Erneuerung. Gott lähmte die Hüfte Jakobs, doch mit Weinen und Flehen »ich lasse dich nicht, du segnest mich denn«, erhielt der Segensträger einen neuen Namen, den schönen Namen Israel (= Gotteskämpfer).

Das Geringere wird vom Besseren gesegnet (Hebr. 7,7)

Wir sprechen manchmal leichtfertig über »Segen« oder »Segnen«, ohne eine rechte Vorstellung von diesem heiligen Akt zu haben. In der Kirche Roms hat man das Kreuzzeichen als Segen eingeführt. Man will segnen, indem man das Zeichen des Kreuzes andeutet oder sich selbst bekreuzigt. Daß diese Formalität nichts mit einem biblischen Segnen zu tun hat, müßte jedem einleuchten.

Segnen schließt Gnade, Gunst, Wohlwollen, Güte, Barmherzigkeit, Reichtum an Liebe ein. Es ist eine Zuwendung göttlichen Heilsgutes an Menschen durch Gott selbst oder durch in Vollmacht Gottes handelnde Menschen. Die Kräfte des Segens gehen auf den Gesegneten über, sie erscheinen fast wie selbständig wirkend, sie werden durch Ausspruch und Handauflegung vermittelt (Lexikon zur Bibel, Brockhaus Verlag).

So wurden fast alle irdischen Segnungen im Alten Testament ausgesprochen und weitergegeben. Sie waren Geschenke und Auswirkungen göttlicher Liebe und Zuneigung. Gottes Segen beinhaltete Reichum, viele Nachkommen, große Viehherden, fruchtbare Ernten, Früh- und Spätregen usw. David segnete z.B. wiederholt das Volk. Melchisedek segnete den Patriarchen Abraham, als dieser aus der Schlacht der Könige zurückkehrte, die zur Befreiung seines Neffen Lot führte. Immer aber wünscht der Größere dem Geringeren das Wohlwollen Gottes und spricht ihm die Güte Gottes zu.

Als unser Herr auf der Erde weilte, segnete Er Kinder und auch Seine Jünger vor Seiner Himmelfahrt. Doch alles wird übertroffen, wenn wir von Seinem blutigen Ringen am Kreuz lesen: »Christus hat uns losgekauft von dem Fluch des Gesetzes, indem er ein Fluch für uns geworden ist; (denn es steht geschrieben: Verflucht ist jeder, der am Holz [Kreuz] hängt) auf daß der Segen Abrahams in Christus Jesus zu den Nationen käme, auf daß wir die Verheißung des Geistes empfingen durch den Glauben« (Gal. 3,13-14).

Die Gemeinde Jesus ist also im Gegensatz zu den irdischen Segnungen Israels mit geistlichen, himmlische Segnungen beschenkt. Diese umschließen uns wie die uns umgebende Luft. Wir dürfen bis in die fernsten Ewigkeiten zurückdenken: immer begegnen wir dieser unerklärbaren Gottesgunst. Vor Grundlegung der Welt hat Gott uns in Christus gesegnet mit allen geistlichen Segnungen. Was Gott an Wohlwollen, Gnade, Barmherzigkeit und Güte zu vergeben hatte, ließ Er in Christus auf uns kommen. In Epheser 1 finden wir eine Aufzeichnung Seiner unbegreiflichen Liebe: Er hat uns auserwählt aus einer großen Menschenschar; Er hat uns zuvorbestimmt zur Sohnschaft; zum Preise Seiner Herrlichkeit hat Er uns begnadigt; Er hat uns erlöst und uns die Vergebung der Vergehungen zugesichert. In Seiner Weisheit hat Gott uns das Geheimnis Seines Willens kundgetan: in Christus, der das Haupt einer neuen Schöpfung ist, wird Gott alles unter Ihm vereinen. In unserem Erlöser haben wir ein Erbteil erlangt, sind mit dem Heiligen Geist versiegelt worden und besitzen diesen Geist als Anzahlung und Unterpfand auf das Erbe, das Christus uns erworben hat. Hier schließt sich der Kreis der Gnade und des Segens, der von Ewigkeit zu Ewigkeit gespannte Bogen.

Wie Simson aus Gnaden erwählt und ohne Bedingungen gesegnet wurde, um Retter in Israel zu werden, hat auch Gott uns allein aus Gnade und Zuneigung nach Seinem Reichtum in Herrlichkeit gesegnet, damit wir ein Sprachrohr Gottes sein und die Tugenden dessen verkündigen können, der uns berufen hat mit heiligem Ruf. Eine höhere Aufgabe gibt es nicht, als die uns zugefallene und zugeteilte. Die Ekklesia soll den Fürstentümern und den Gewalten in den himmlischen Örtern die gar mannigfaltige Weisheit Gottes kundtun nach dem ewigen Vorsatz, den Er gefaßt hat in Christo Jesu, unserm Herrn (Eph. 3,10-13).

Welch eine Fülle an Segnungen! Gott segnete Simson; Er segnet dich und mich! Jubele deinem Retter und Erlöser zu! Sage Dank dem Vater, der dich errettet hat aus der Gewalt der Finsternis und versetzt hat in das Reich des Sohnes seiner Liebe (Kol 1,12-13), der dich fähig, passend gemacht hat zum Anteil am Erbe der Heiligen in dem Licht.

Eine hohe Auszeichnung

Wenn Gott, der Allmächtige, sich herabläßt, sich eines Menschen zu bedienen, ist das eines der höchsten Vorrechte. Doch nie schickt Er Sein Werkzeug allein in eine gefahrvolle Welt; stets gibt Er mit dem Auftrag die Ausrüstung. Deshalb lesen wir: »Und der Geist des Herrn fing an, ihn zu treiben zu Machaneh-Dan (im Lager Dans) zwischen Zorha und Eschtaol.«

Wenn Gott die Stätte des Wirkungskreises so genau beschreibt, verfolgt Er damit eine bestimmte Absicht. Zorha lag an der Grenze zwischen Juda und Dan (Jos. 15,33; 19,41) und war die Heimat Simsons. Hier wurde der Gottgeweihte zuerst aktiv. Worin seine erste Aufgabe bestand, wird nicht berichtet. Gott läßt zunächst feststellen, daß Sein Knecht von Ihm geleitet, getrieben wurde. Der Name »Zorha« wird unterschiedlich übersetzt. Man kann ihn mit »Hornisse« oder »Geschlagen, Entmutigung und Enttäuschung« deuten. Diese möglichen Bezeichnungen sind echte Beschreibungen der Situation, die Simson vorfand. Die Philister, dieser alte Erbfeind, der Israel immer wieder zu schaffen machte, bis David ihn in die Knie zwang, hatte das Volk Israel zu Simsons Zeit unterjocht. Das Volk Gottes war von den Philistern besiegt worden. Dadurch bediente sich Gott dieses Feindes, um Israel zu demütigen und durch Zucht zu unterweisen. Die Prüfungszeit sollte durch Simson zum Abschluß kommen. Die Gnade Gottes bereitete den richtigen Mann zu, um Israels Unterdrückung zu beenden.

Gott fing an, Simson zu treiben, ihm seine Tätigkeit zuzuweisen. Das beginnt immer in unserer nächsten Umgebung. Das Zeugnis aller Gottgeweihten muß sich zuerst in der Familie, in der Nachbarschaft, am Arbeitsplatz, in der Schule, dort, wo der Herr uns hinstellt, bewähren. Wenn Gott durch den Heiligen Geist mit uns beginnt, möchte Er auch, daß es weitergeht. Niemand soll in den Anfängen stehen bleiben. »So viele durch den Geist Gottes geleitet (getrieben) werden, diese sind Söhne Gottes. Denn ihr habt nicht einen Geist der Knechtschaft empfangen, wiederum zur Furcht, sondern den Geist der Sohnschaft habt ihr empfangen, in welchem wir rufen: Abba Vater!« (Röm. 8,14-15).

Der Geist Gottes, der uns zu allen Aufgaben befähigt, möchte uns mit Seinen Wirkungen ganz erfüllen. Ziel ist immer die »Fülle des Geistes«. Der Geist Gottes will uns ganz beherrschen, alle Bereiche unseres Lebens besetzen. Dazu brauchen wir keine besondere Geistestaufe, wie oft irrtümlich gelehrt wird, sondern ein Wachsen in der Kraft des Geistes. Im Gehorsam gegen das Wort Gottes und durch ein Leben in der Gemeinschaft mit dem Herrn sind alle Vorbedingungen gegeben, die Fülle des Geistes täglich zu erfahren. Paulus nennt dieses Ziel: »... bis wir alle hingelangen zu der Einheit des Glaubens und zur Erkenntnis des Sohnes Gottes, zu dem erwachsenen Manne, zu dem Maße des vollen Wuchses, der Fülle des Christus« (Eph. 4,13).

Gott zeigt uns immer die höchste Höhe auf. Nie ist Er zufrieden, wenn wir bis zu einer bestimmten Stufe gewachsen sind. Darum wollen wir einander Mut machen, zu beginnen und Fortsetzung zu machen, statt auf unser Unvermögen und Versagen zu schauen. Blicken wir vielmehr auf den, der alle Kraft ist und gibt. Völlig falsch ist es, wenn wir auf uns vertrauen, weil wir bald feststellen müssen: »Ich schaffe es doch nicht.« Er, unser Herr, hat Sein Werk in uns begonnen, Er wird es auch zur Vollendung bringen. Darum: Ich blicke nur auf Ihn, o seliger Gewinn! Mein Jesus schafft es ganz gewiß, weil Er alles bewirkt und vollendet!

Weil wir aber den Geist Gottes in uns betrüben, hemmen und durch leichtfertiges Sündigen sogar in Seinen Wirkungen auslöschen können, ist höchste Vorsicht geboten, denn mit dem Löschen des Geistes hört jedes Zeugnis auf. Hat der Feind uns hier zur Strecke bringen können, ist höchste Alarmstufe eingetreten. Jetzt kann nur noch Buße zum Neubeginn führen. Aber stets darf das Wort wirksam werden: »Wenn wir unsere Sünden bekennen, so ist er treu und gerecht, daß er uns die Sünden vergibt und reinigt uns von aller Ungerechtigkeit« (1. Joh. 1,9). Ist die Reinigung durchgeführt, wird der Geist Gottes wieder wirksam und führt uns auf die Straße des Glaubens zurück.

Richter 14
Simsons Tätigkeit und Auftrag

Der inspirierte Bericht über Simson ist wohl der farbigste in der Beschreibung der einzelnen Gestalten des Richterbuches. Die vor Simson geschilderten Rettungen des Volkes von seinen Feinden setzen Hingabe, Glaube und Gehorsam der von Gott benannten Retter voraus. Gott schenkte durch die Richter Seinem Volk Befreiung von der Unterdrückung seiner Feinde. Göttliches Walten führte zu Freiheit und Wohlstand. Von diesen Abläufen und Ergebnissen finden wir nichts bei der Beschreibung des Lebens Simsons. Dessen Taten gleichen mehr dem Eingreifen eines Kraftmenschen. Gott hatte ihn berufen, um in eindrucksvoller Weise das Ringen des Herrn um sein treuloses Volk und das Land der Verheißungen zu demonstrieren. Sein Plan, die Königsherrschaft Gottes unter Beweis zu stellen, sollte erneut offenbar werden. Nie überläßt Gott das Feld dem Gegenspieler Satan. Auch wenn die Werkzeuge schwach, unvollkommen und sündig sind, deren Gott sich bedient, muß doch vor aller Welt sichtbar werden, daß Seine Gnade in den Schwachen triumphiert.

Alle Seine Knechte werden von Gott geschildert, wie sie wirklich waren. Gott beschreibt realistisch Höhen und Tiefen, Siege und Niederlagen; bei Ihm gibt es keine Menschen mit Heiligenschein. Alle mangeln ohne Ausnahme, ob Propheten, Diener, Apostel oder andere Mitarbeiter, des Ruhmes, denn alle sind Sünder, sind untauglich und erlangen von sich aus nie die Herrlichkeit Gottes. Alle bedurften und bedürfen der Erlösung durch das »vor Grundlegung der Welt erwählte Gotteslamm, ohne Fehl und ohne Flecken«. Nur im Blick auf Ihn konnte Gott Nachsicht haben mit den vorher geschehenen Sünden, und nur deshalb kann Er die in der jetzigen Zeit entstandene Schuld in Seiner Gnade vergeben. Damit erweist Gott Seine Gerechtigkeit.

In dieser Schau wollen wir die Taten Simsons betrachten.

Der Herr »fing an«, ihn durch den Heiligen Geist zu treiben. Er übernimmt Wollen und Vollbringen. Darum steht auch sein erstes Auftreten in der Öffentlichkeit unter dieser göttlichen Führung. Es heißt: »Und Simson ging nach Timna hinab; und er sah in Timna ein Mädchen von den Töchtern der Philister. Und er ging hin und berichtete es seinem Vater und seiner Mutter und sprach: Ich habe in Timna ein Mädchen gesehen von den Töchtern der Philister; und nun nehmt sie mir zur Frau.«

Allzuschnell sind wir bereit, dieses Vorhaben Simsons zu verurteilen. Gewiß wundern wir uns, daß die Aufgaben eines Gottgeweihten mit menschlich fleischlichen Handlungen beginnen. Simson wird zum Retter Israels aus der Hand seiner Feinde berufen, und er geht hin, um sich mit ihnen zu verbinden.

Aber wir können den unumschränkten, großen und gewaltigen Gott nicht in unsere Vorstellungen zwängen. Ist Er nicht frei in Seinem Handeln? Stehen Ihm nicht alle Möglichkeiten zur Verfügung, wenn Er einen Anlaß zum Gericht an Seinen Feinden sucht? Darum wollen wir uns vor einem vorschnellen Urteil hüten und bedenken, daß Simson vom Geist getrieben wurde, als er jenes Mädchen sah. Wörtlich lesen wir: »Sein Vater und seine Mutter wußten nicht, daß es vom Herrn war; denn er suchte eine Gelegenheit an den Philistern. Und in jener Zeit herrschten die Philister über Israel.« Dieser Hinweis gibt dem Vorhaben Simsons die rechte Wertung.

Nach der Feststellung »Der Geist des Herrn fing an ihn zu treiben«, finden wir bei den zehn kraft- und machtvollen Taten, die der Abgesonderte ausüben konnte, noch dreimal: »Und der Geist des Herrn kam über ihn.« Hierauf werden wir noch zurückkommen.

Simson war seinen Eltern untertan

Durch das Verhalten des jungen Mannes gewinnen wir einen Einblick in die üblichen Gebräuche des Familienlebens in Israel. Der erwachsene Sohn entscheidet bezüglich seiner Ehe nicht selbständig. Der Vater übernahm damals die Brautwerbung. Dies bedeutete keine Bevormundung, sondern entsprach dem Willen Gottes. Das verantwortliche Familienoberhaupt war verpflichtet, die Reinhaltung der Sippe zu überwachen. Eine Vermischung Israels mit seiner heidnischen Umgebung war von Gott untersagt. Dennoch wandte sich der Nasir Gottes an seine Eltern, damit sie ihm das von ihm ausersehene Mädchen zur Frau nähmen.

Wie schön, wenn man noch bei erwachsenen Söhnen und Töchtern eine Anerkennung der Autorität der Eltern feststellen kann. Das Halten des vierten Gebots »Du sollst Vater und Mutter ehren, auf daß es dir wohl ergehe und du lange lebest auf Erden« hat bis heute Gottes Segen bewirkt.

Wie sehr die Männer des Alten Testaments auf diese Gedanken Gottes eingegangen sind, finden wir besonders bei Abraham. Als sein Sohn Isaak mit fast vierzig Jahren noch keine Weggenossin hatte, sandte sein Vater Elieser, seinen Hausknecht mit den Worten aus: »Schwöre mir bei dem Herrn, dem Gott des Himmels und dem Gott der Erde, daß du meinem Sohn nicht eine Frau nimmst von den Töchtern der Kanaaniter, in deren Mitte ich wohne; sondern in mein Land und zu meiner Verwandtschaft sollst du gehen und eine Frau meinem Sohn nehmen« (1. Mose 24,3-4).

Es ist wichtig, daß junge Menschen warten können, daß sie bereit sind, Gottes Stunde und Führung abzuwarten. Wieviel Herzeleid, wieviele Enttäuschungen würden vermieden, wenn Gottesfurcht unsere Wünsche leitete! Jede Unruhe, jede menschliche Betriebsamkeit bei der Suche nach einem Ehepartner führt leicht zu falschen Entschlüssen, die ein ganzes Leben in ein Meer von Tränen und Bitterkeit versenken können.

Simsons Beharrlichkeit

Wir verstehen, daß die Eltern Simsons über die Forderung ihres Sohnes beunruhigt waren. Doch ihr Einwurf »Ist unter den Töchtern deiner Brüder und unter meinem ganzen Volk kein Mädchen, daß du hingehst eine Frau von den Philistern... zu nehmen?« wurde von ihrem Sohn in keiner Weise anerkannt. Er bestand auf seiner Wahl, weil die Werbung von Gott angeordnet war, weil Gott auf diesem für uns sonderbaren Weg einen Anlaß suchte, den Feinden und Bedrückern Seines Volkes eine Niederlage beizubringen. Nur so können wir die Festigkeit Simsons im Blick auf seinen Wunsch verstehen. Auf seine Beharrlichkeit hin, die aus den Worten »Diese nimm mir, denn sie ist recht in meinen Augen« sichtbar wird, gaben die Eltern ihren Widerstand auf.

Auch hier wird die Souveränität Gottes deutlich. Eigenwille und Selbstherrlichkeit, diese aus unserem sündigen Wesen stammenden Eigenschaften, stehen sonst unter Seiner Verurteilung. In diesem Fall aber benutzt Gott alles, um Seinen Plan zum Besten des Volkes durchzuführen. »Sie ist recht in meinen Augen!« Diese Art kann Gott an sich nicht gutheißen, doch bei Simson baut Er die Festigkeit dieses jungen Mannen in Seine Absichten ein.

Wohl allen jungen Leuten, die in Übereinstimmung mit dem Willen Gottes ihre Zukunftspläne schmieden! »Der Segen Gottes und der Eltern baut der Kinder Häuser«: dieser Grundsatz hat seinen Wert nie verloren.

Im Leben Simsons ist manches geschehen, was wir nicht ohne weiteres übernehmen oder auch gut heißen können. Bei besonderen Anlässen und für besondere Aufgaben, die besondere Personen ausführen müssen, handelt Gott oft sonderbar. Da ist dann alles so menschlich, so profan nach unseren Maßstäben, und doch steht auch hinter diesem sonderbaren Geschehen die alles ordnende Hand Gottes, die durch Menschen mit Schwächen mächtige Taten vollbringen läßt. Würde Gott auf unsere Unzulänglichkeit und menschliche Armut schauen, könnte Er nie zum Ziel kommen. Weil aber alles der Erfüllung von Gottes Plänen dienen muß, bleibt uns zu lernen, das Werk Gottes von unserem Versagen zu trennen. Nie darf unser Ruhm bei dem Wirken Gottes gesucht werden, denn Seine Gnade wird nur in dem

Schwachen, in dem Versager mächtig. Wer verächtlich auf den gottgeweihten Simson herabblickt, hat sich selbst in seiner Verderbtheit noch nicht erkannt. Alle, die der Herr mit Aufträgen bedenkt und beschenkt, sollten sich neben Simson stellen und die Gnade rühmen, die sich zu solchen Wesen herabläßt und sie zur Mitarbeit adelt. Nur Buße und Beugung vor dem Höchsten bringt gesegnete Werkzeuge hervor.

Unwissenheit kann verhängnisvoll sein. Simsons Eltern wußten nicht, daß Gott oft eigenartige Wege geht. Sie orientierten sich an gebräuchlichen Praktiken und Traditionen aber nicht am Plan und an den Gedanken Gottes. Hieraus wird uns klar, wie schnell wir den Überblick verlieren und in der besten Meinung, recht zu handeln, doch im Widerspruch zu den Gedanken Gottes stehen können.

Verhängnisvoll war auch die Einstellung der Pharisäer, die bei der Heilung des Blindgeborenen sagten: »Wir wissen, daß Gott zu Mose geredet hat; von diesem (Jesus) aber wissen wir nicht, woher er ist.« Gerade sie, die die Schriften kannten, hätten ihren Messias erkennen können. »Du bist ein Lehrer in Israel und weißt dieses nicht?« mußte der Herr den Nikodemus fragen. Als Jesus Christus diesen Menschen die Frage nach der Bedeutung der Taufe des Joahnnes vorlegte, mußten sie ebenfalls antworten: »Wir wissen es nicht.« Selbst Seine Jünger standen sprachlos vor den Worten Jesus, als Er sie über Seine Rückkehr zum Vater informierte: »Wo ich hingehe, wisset ihr, und den Weg wisset ihr. Thomas antwortete: Herr, wir wissen nicht, wo du hingehst, und wie können wir den Weg wissen?« Keiner kannte besser die geistliche Blindheit der Menschen als der Herr Jesus. Selbst am Kreuz wandte Er sich im Gebet an Seinen Gott: »Vater, vergib ihnen, denn sie wissen nicht was sie tun!«

Müssen wir uns hier einreihen? Trifft das Urteil der Unwissenheit auch uns? Wie wollen wir uns aber entschuldigen, da wir doch den ganzen Heilsplan Gottes in Händen haben? Wenn wir uns für diesen Reichtum der geoffenbarten Herrlichkeit Gottes in Seinem Wort öffnen, würde unser Leben unendlich reich. Mit den Emmausjüngern könnten wir dann ausrufen: »Brannte nicht unser Herz, als er uns die Schriften öffnete?«

Simsons erster Kraftakt

Zehn übermenschliche Taten werden uns von Simson berichtet; acht davon treffen die Philister.

Die erste Glaubenstat vollbrachte Simson auf dem Weg nach Timna zur Brautwerbung. Es heißt: »...und als sie an die Weinberge von Timna kamen, siehe, da brüllte ein junger Löwe ihm entgegen. Und der Geist des Herrn geriet über ihn, und er zerriß ihn, wie man ein Böcklein zerreißt; und er hatte gar nichts in der Hand. Und er tat seinem Vater und seiner Mutter nicht kund, was er getan hatte.«

Dreimal lesen wir, daß bei gewissen Ereignissen der Geist des Herrn über Simson kam. Manche Gestalten im Alten Testament verrichteten mächtige Taten in der Kraft des Geistes Gottes, der zeitweise über diese Männer kam, damit sie die Größe und Macht Gottes offenbarten. Der Geist blieb nicht auf ihnen, wie das heute bei allen Wiedergeborenen der Fall ist. Wir sehen bereits, daß der Geist des Herrn Simson in der Umgebung seiner Heimat zu treiben anfing. Dann verließ Er ihn wieder, um später noch dreimal über den Gottgeweihten zu kommen, damit das Gericht an den Feinden Gottes vollstreckt würde.

Auch hier hat die Zahlensymbolik eine tiefe Bedeutung. Die Zahl »drei« ist die Zahl des Geistes und die Zahl der Vollständigkeit einer Person oder Sache. Hier nur einige Beispiele: »Gnade euch und Friede von dem der da war ... und von den sieben Geistern ... und von Jesus Christus, welcher der treue Zeuge ist ...« (Offenb. 1,4-5).

Paulus schreibt: »Es sind Verschiedenheiten von Gnadengaben, aber derselbe Geist; ... von Diensten, und derselbe Herr; ... von Wirkungen, aber derselbe Gott, der alles in allen wirkt« (1. Kor. 12,4-6).

Es geht in diesen Bibelstellen um die Einheit Gottes, die

in drei Personen geoffenbart wurde. So wird uns der Unerklärbare in dreifacher Weise vorgestellt: »Gott ist Geist« (Joh. 4,24), »Gott ist Licht« (1. Joh. 1,5), »Gott ist Liebe« (1. Joh, 4,8). In der Verbindung mit Ihm steht auch unsere Verantwortung: »Wandelt im Geist«, »wandelt als Kinder des Licht«, »wandelt in Liebe«.

Der Herr kam und »verkündigte Frieden«, »er machte Frieden« und »Christus ist unser Friede«.

Petrus schreibt von drei Himmeln: die von alters her waren, die jetzigen Himmel, die neuen Himmel. Wir sollen würdig wandeln unserer Berufung, würdig des Herrn, würdig des Gottes.

Paulus charakterisiert so recht das Wesen Gottes in dreifacher Weise: Er hat allein Unsterblichkeit, Unverweslichkeit und Unvergänglichkeit! (1. Kor. 15,53.54 u. 1. Tim. 6,16).

Johannes weist auf ein dreifaches Zeugnis hin: »Drei sind die da zeugen: der Geist, das Wasser und das Blut, und diese drei sind einstimmig«; das ist sein Hinweis auf das vollkommene Opfer Jesus am Kreuz und Seinen Tod. In dreifacher Weise stellt Paulus sein Leben vor uns: 1. Ich habe den guten Kampf gekämpft; 2. Ich habe den Lauf vollendet; 3. Ich habe den Glauben bewahrt! Darum lag diesem treuen Zeugen die Krone der Gerechtigkeit bereit. Wohl allen, die sich in die Reihe derer einreihen dürfen, die das vor dem Herrn aussprechen können!

Wir wollen es mit diesen Beispielen bewenden lassen. Der interessierte Bibelleser wird dieser Zahl »drei« sehr oft begegnen.

Mit einem Sieg in der Kraft des Geistes beginnt Simsons Wirken. Auf dem Weg zur Erledigung seines Vorhabens tritt ihm ein Löwe entgegen. Er weicht nicht aus, sondern geht das wilde Tier in der Vollmacht des Geistes an und zerreißt es. Das geschieht mit einer Leichtigkeit, die uns aufhorchen läßt. Für Gott gibt es keine Hindernisse bei der Durchführung Seiner Pläne. Wo Er Aufgaben schenkt, bahnt Er auch die Wege. Dann kann Satan, der Widersacher, nichts ausrichten. Versucht er, sich in den Weg zu stellen, muß auch sein Eingreifen der Sache Gottes dienen.

Es ist für uns belehrend, daß Simson zuerst einem Löwen begegnet und diesen in Stücke zerreißt. Das bedeutet doch: er errang einen totalen Sieg über ihn. Die Geheimhaltung dieses Sieges hat auch eine prophetische Deutung, auf die wir später noch zurückkommen werden.

Der brüllende Löwe

Die Bibel benutzt das Bild des Löwen in unterschiedlicher Weise. Im Segen Jakobs über Juda begegnet uns zum erstenmal der Vergleich mit einem Löwen. Es heißt dort: »Dich, Juda, dich werden deine Brüder preisen; deine Hand wird sein auf dem Nacken deiner Feinde, vor dir werden sich niederbeugen die Söhne deines Vaters. Juda ist ein junger Löwe, vom Raube, mein Sohn, bist du emporgestiegen. Er duckt sich, er legt sich nieder wie ein Löwe und wie eine Löwin; wer will ihn aufreizen? Nicht weichen wird das Zepter von Juda, noch der Herrscherstab (oder Gesetzgeber) zwischen seinen Füßen hinweg, bis Schilo (der Ruhebringer, der Ruheschaffende) kommt, und ihm werden die Völker gehorchen« (1. Mose 49,8-10).

In dieser Aussage haben wir einen Hinweis auf den Herrn Jesus, der als der »Löwe aus dem Stamm Juda« bezeichnet wird. Um Ihn, den »Ruhebringer«, handelt es sich bei der prophetischen Schau Jakobs über seinen Sohn Juda. Die größten Kontraste werden herausgestellt, wenn in Offenbarung 5 der Herr als das Lamm und als der Löwe besungen wird. Als das Lamm war Er bereit, die Grundlage für das Öffnen der sieben Siegel gemäß Offenbarung 5 als Einleitung der Gottesgerichte zu legen, und als Löwe hat Er alle Widerstände gegen dieses Vorhaben beseitigt. Als das Lamm Gottes starb der Herr am Kreuz, um uns mit Gott auszusöhnen. Als der Löwe besiegte Er den Teufel mit seinem ganzen Anhang. Wir lesen: »Er hat die wider uns stehende Handschrift in Satzungen weggetan, indem er sie an das

Kreuz nagelte.« Die Handschrift, die unser Todesurteil enthielt, hängt über unserem Stellvertreter am Kreuz; an Ihm wurde unser Urteil vollzogen. Der Sieger auf Golgatha hat »die feindlichen Mächte ausgezogen und als besiegt öffentlich zur Schau gestellt« (Kol. 2,14-15).

Nicht nur unser Herr wird mit einem Löwen verglichen, sondern auch Israel. Als der falsche Prophet Bileam das Volk Israel verfluchen sollte, wurde er von Gott zum Segnen gezwungen. Unter diesen Segnungen finden wir auch den einst von Jakob in Bezug auf Juda ausgerufenen Satz: »Er duckt sich, er legt sich nieder wie ein Löwe und wie eine Löwin; wer will ihn aufreizen?« (4. Mose 24,9).

Der Sieg über dieses Raubtier wird immer als Heldentat angesehen. So sagte David zu Saul, als dieser Sorge um den Kampf Davids mit Goliath hatte: »... kam nun ein Löwe oder Bär und trug ein Stück der Herde fort, so lief ich ihm nach und schlug ihn und entriß es seinem Rachen... Sowohl den Löwen als auch den Bären hat dein Knecht erschlagen.« (1. Sam. 17,35,36).

Der Löwe ist auch ein Bild der Kraft. Der Mensch fürchtet sich vor dem Löwen. Gott benutzte ihn auch als Gericht. Wir lesen über einen ungehorsamen Propheten: »...dein Leichnam soll nicht in das Grab deiner Väter kommen ... Und er zog fort; und es fand ihn ein Löwe auf dem Weg und tötete ihn. Und sein Leichnam lag hingestreckt auf dem Weg ... und der Löwe stand neben dem Leichnam« (1. Kön. 13,22-24).

Weiter muß erwähnt werden, daß der Teufel in der Bibel als brüllender Löwe charakterisiert wird. Aber wie Simson auf seinem Weg zu seiner ersten Aufgabe einen Sieg über den Löwen errungen hat, so war es auch im Leben unseres geliebten Herrn. Bei Seinem ersten Auftritt, verbunden mit Seiner Taufe durch Johannes, hörte Er die Stimme des Vaters: »Dieser ist mein geliebter Sohn, an welchem ich Wohlgefallen gefunden habe.« Aber sofort trat Ihm auch der brüllende Löwe entgegen. In der Abgeschiedenheit der Wüste versuchte der Teufel Ihn dreimal. Auch hier finden wir wieder die Zahl des Geistes und eine völlige Versuchung, die das ganze Wesen dieser Welt umfaßt: »Die Lust der Augen, die Lust des Fleisches und den Hochmut des Lebens«. Johannes bezeichnet diese Begierden als nicht vom Vater, sondern von der Welt. Hier erlitt der Löwe seine erste Niederlage. Deshalb wich er eine Zeitlang von dem Herrn. In der Gethsemanestunde jedoch trat er erneut dem Heiland entgegen. Ein furchtbarer Kampf entbrannte, bei dem der Schweiß des Herrn Jesus wie Blutstropfen wurde, die zur Erde fielen. Wieder unterlag der Teufel. Als er nochmals zum entscheidenden Angriff auf Golgatha antrat, erging es ihm wie dem jungen Löwen, den Simson in Stücke zerriß. Hier am Kreuz wurde dem brüllenden Löwen der Kopf zermalmt; hier erlitt er seine totale Niederlage, seine völlige Vernichtung.

Welche gewaltigen Gegensätze: als das Lamm Gottes wurde der Herr Jesus in Schwachheit gekreuzigt, ging Er wehrlos wie ein Lamm zur Schlachtbank, ließ sich von Seinen Geschöpfen schlagen und ans Kreuz nageln; als der Löwe ging er zielbewußt in den Kampf, zertrat die Mächte der Finsternis und eilte Seinem Sieg und einem unvergleichbaren Triumph entgegen. Alle Seine Feinde wird Er bald zu Seinen Füßen niederwerfen und sie müssen Ihn als Herrn aller Herren anerkennen.

Euer Widersacher geht umher

Der Satan, der einst nicht vor dem Herrn Jesus zurückschreckte, sondern es wagte, ihn anzugreifen, sucht nun uns, die wir Jesus als Retter, Hirten und Führer wählten, aus der Bahn zu werfen. Mit seinem Brüllen will er uns ängstlich stimmen, uns Furcht einflößen. Seine Macht soll demonstriert werden, gerne möchte er die Auserwählten verschlingen. Deshalb werden wir ermahnt: »Seid nüchtern, wachet! Widerstehet dem Widersacher standhaft im Glauben, da ihr wisset, daß dieselben Leiden sich vollziehen an eurer Brüderschaft, die in der Welt ist.«

Gerade die Leiden um Jesus willen will der Ränkespieler

gerne benutzen um die Kinder Gottes verzagt, ängstlich und mutlos zu machen. Viele Gotteskinder haben schon ihr Leben verloren, weil sie den für treu achteten, der ihnen die Verheißung des ewigen Lebens geschenkt hat. Satan schreckt vor nichts zurück. Alle Mittel sind ihm recht, das Zeugnis Jesu zu schwächen und Sein Volk zu bedrängen. Doch wir dürfen uns gegenseitig aufrichten, uns Mut machen, denn wir haben mit einem besiegten Feind zu kämpfen, der sich auf dem Rückzug befindet und seiner baldigen Vernichtung entgegensieht.

Sieg ist aber für uns nur im Glauben möglich. Niemand kann aus eigener Kraft diesem Löwen entgegentreten und die Oberhand gewinnen. »Der Geist des Herrn kam über Simson«: dadurch war der Sieg sicher. Gott rettet nicht durch Macht, Roß und Reiter, sondern durch Seinen Geist. Müssen wir Niederlagen einstecken, dann nur, weil wir nicht wachsam waren, weil wir die uns zur Verfügung stehende Kraft des Geistes nicht in Anspruch nahmen.

Simsons Verschwiegenheit

Warum Simson seinen Eltern den Sieg über den Löwen nicht erzählte, wird nicht berichtet. War er zu demütig? Wollte er nicht angeben und sich mit seiner Tat nicht rühmen? War ihm bewußt, wem der Ruhm zukam, und daß er nur ein Werkzeug in der Hand Gottes war? Wir wissen es nicht. Aber wir dürfen aus allem lernen. Angeben, sich mit Gottes Federn schmücken zu wollen, liegt in unserem Wesen. Wenn der Herr uns in einer Sache benutzen konnte, sind wir schnell bereit, Gottes Handeln so zu schildern, als wären wir die Helden. Wie vorbildlich verhält sich doch Simson. Er konnte schweigen, bis die Stunde des Zeugnisses kam. Was ist der Mensch? Wenn der Herr uns gebrauchen kann, sind wir nur leere Gefäße, durch die Er Seinen Segen ausgießt.

In Simsons Verschwiegenheit liegt aber noch ein prophetischer Gedanke. Wir haben bereits auf den Sieg des Herrn Jesu über den brüllenden Löwen hingewiesen. Simson verschwieg diesen Erfolg vor seinen nächsten Angehörigen, um später den Philistern ein geheimnisvolles Rätsel vorzulegen. So wußten auch die menschlichen Angehörigen des Herrn Jesus, das Volk Israel, nichts von Seinem Sieg und dessen Bedeutung.

Bis heute haben die Juden die Tat ihres Messias noch nicht begriffen. »Die Decke liegt noch auf ihrem Herzen«, und sie ahnen nicht, wen sie gekreuzigt haben. Unwissenheit wie bei den Eltern Simsons kennzeichnet ihre Lage, bis sie einst im Gericht sehend werden.

Uns, den Nationen, die wir ohne jede Hoffnung waren, ist das große Rätsel Gottes vorgelegt und für uns gelöst worden. Das Evangelium des Reiches wurde abgelöst durch das Evangelium der Gnade, Israel durch die Gemeinde. Das Geheimnis des Leibes Christi wurde uns mitgeteilt. Das Unmögliche, das Unbegreifliche wurde Wirklichkeit: »Aus dem Fresser kam Fraß, und aus dem Starken kam Süßigkeit.« Aus der Niederlage des Löwen, aus der Befreiung von Sünde, Nacht und Todesgrauen sind uns die Freuden des ewigen Lebens zuteil geworden. »Wir sind eines anderen geworden, des aus den Toten Auferstandenen.« Aus dem Reichtum des Erlösers dürfen wir nehmen, genießen und uns aller geistlichen Segnungen erfreuen.

Simsons erste Verbindung

Nach dem völligen Sieg über den Löwen, der noch durch den Hinweis verstärkt wird ... »und er hatte gar nichts in seiner Hand«, ging Simson hinab »und redete zu dem Mädchen, und sie war recht in seinen Augen«.

Wir wundern uns über die kurze Brautwerbung. Wir wüßten keine andere, die uns in der Bibel in dieser Kurzform vorgestellt wird. Nichts wird von dem Gespräch, von einer Hochzeitsfeier oder von der Dauer des Aufenthalts Simsons bei dem Mädchen berichtet. Diese Tatsachen werden später ausführlicher erzählt, wenn Simsons Vater — wie damals üblich — die Hochzeitsfeier einleitet.

Vorher will der Geist Gottes uns auf etwas Schöneres aufmerksam machen. Auf dem Wege mit seinen Eltern zur Hochzeitsfeier bog Simson vom Weg ab, »um das Gerippe des Löwens zu besehen, und siehe, ein Bienenschwarm war in dem Körper des Löwen und Honig. Da nahm er ihn heraus in seine Hände und ging und aß im Gehen; und er ging zu seinem Vater und zu seiner Mutter und gab ihnen, und sie aßen; aber er tat ihnen nicht kund, daß er den Honig aus dem Körper des Löwen herausgenommen hatte«.

Wie reich ist doch das Wort Gottes an bunten Bildern! Wir wiesen schon vorhin darauf hin, daß die Niederlage des Widersachers Gottes zur Fülle von Freuden führt. Der Sieger nimmt aus dem Besiegten nach dessen Niederlage auf Golgatha die Beute, die Gott dem Herrn Jesus zugesagt hatte. Weil Er Seine Seele ausgeschüttet hat in den Tod, sollte Er »Frucht sehen und mit Gewaltigen seine Beute teilen«. Dieses freudige Ereignis steht ganz nahe bevor. Israel steht völlig unbewußt unter den Segnungen Seines Gottes. Ihm gehören bis heute alle Verheißungen, die ihm in Abraham zugesagt wurden. Sie essen gleichsam aus der Fülle, die ihnen der Herr Jesus zuteilt. Simson und die Eltern aßen gemeinsam von dem, was aus dem zerrissenen Löwen kam. Gott hält Seine Zusagen aufrecht, und unter dem Schutz Seiner starken Hand geht dieses Volk trotz allem Haß seiner Umwelt dem von Gott gesteckten Ziel entgegen. Die Vorbereitungen für die Hochzeit, die nach den vielen Aussprüchen der Propheten mit Israel stattfindet laufen auf Hochtouren. Wiederholt wiesen wir darauf hin, daß Israel von Gott erwählt wurde, um sich mit Gott zu vermählen. Die Angetraute war nicht treu geblieben. Sie hatte ihren Mann verlassen und Gott mußte über diese Ungetreue klagen, weil sie anderen Göttern diente. Wir wollen vorgreifen, um diesen Gedanken zu Ende zu führen, denn bald finden wir eine weitere prophetische Schau: »Und die Frau Simsons wurde einem seiner Gesellen gegeben.«

Israels Untreue wird hier vorgeschattet. Das Volk hat sich innerlich von Gott abgewandt. In toten Formen, in mensch-

lichen Gesetzen und Vorschriften ist es erstarrt. Deshalb mußte der Herr Jesus schon klagen: »Dieses Volk ehrt mich mit
den Lippen, aber ihr Herz ist weit von mir entfernt.« Doch
Gottes Zusagen sind unbereubar! Zum Segen der ganzen Welt
wird dieses Volk zu seinem Gott umkehren und in der Volks-
buße die Vermählung mit Seinem Gott erleben um des Sie-
gers von Golgatha willen. Wer kann die Freude und das
Glück beschreiben, wenn Israel erkennen und bewundern
wird: »Aus dem Fresser kam Fraß, und aus dem Starken kam
Süßigkeit!«

Die Hochzeitsfeier

»Und sein Vater ging zu dem Mädchen hinab.« Er traf die
Vorbereitungen für seinen Sohn. Der Sohn nimmt die Braut
gleichsam aus der Hand des Vaters. Völlige Übereinstimmung
herrscht zwischen beiden. Simson liebt das Mädchen und der
Vater gibt sie ihm. Auch in dieser Handlung werden wir an
ein anderes Geschehen erinnert. Das Bild weist auf Israel und
auf die Gemeinde der Gnadenzeit hin. In beiden Fällen sind
beide Personen der Gottheit wirksam: der Vater erwählt aus
Liebe, und der Sohn nimmt aus Liebe. Der Vater hat uns
vor ewigen Zeiten für den Sohn erwählt. Der Sohn hat uns
geliebt und sich selbst für uns dahingegeben. Die beglückende
Gemeinschaft besteht: beide, der Sohn und der Vater, haben durch den Heiligen Geist Gemeinschaft mit den Erlösten. Alle Drei genießen die Süßigkeit, dieses wunderbare
Verhältnis, das auf Grund des Opfers Jesu entstanden ist.

Wo wir auch die Bibel aufschlagen, überall strahlen uns
Spuren und Hinweise und das Ergebnis von Golgatha entgegen! Deshalb wollen wir immer wieder beten: »Herr, öffne meine Augen, damit ich deine Wunder schaue in deinem
Wort.«

»Und Simson machte daselbst ein Mahl; denn also pfleg-
ten die Jünglinge zu tun.« Beim Lesen dieser Mitteilung fragen wir uns erneut:

Wie kann ein Gottgeweihter nach den Gepflogenheiten der

Welt Hochzeit feiern und die Welt als Gäste einladen? Denn dreißig Gesellen aus den Reihen der Feinde des Volkes Gottes bildeten die Hochzeitsgesellschaft. Wenn wir den Auftrag, die Mission Simsons vor Augen halten, urteilen wir vorsichtiger. Die Philister hatten sich als die Herren über das Volk Gottes und über Gottes Land aufgespielt, obgleich der Herr selbst die Herrschaft für sich beanspruchte. Deshalb suchte Gott Gelegenheiten, diese Feinde zu demütigen und die Grenzen ihrer Herrschaft aufzuzeigen. Als Zuchtrute Israels waren die Philister benutzt worden. Doch nun war ihre Aufgabe erfüllt, und Gott wandte sich in Gnaden Seinem Volk wieder zu. Die Möglichkeit, Gottes Macht unter Beweis zu stellen, war nun gekommen. Die Armut und Schwachheit der Philister konnte nicht deutlicher demonstriert werden, als durch die bevorstehenden Ereignisse. Einen einzigen Mann rüstet Gott aus, um ein ganzes Land zu demütigen! Gott benutzt eine Frau, eine Hochzeit, um die Ohnmacht der Feinde in jeglicher Weise bloßzustellen. Schon während der siebentägigen Feier, die mit Spiel und Scherz ablief, stellte Simson mit einem Rätsel seine hohe Überlegenheit über die Philister heraus. Höhnend sprach er zu den Gesellen, die beim Hochzeitsschmaus saßen: »Ich will euch einmal ein Rätsel aufgeben; wenn ihr es mir in den sieben Tagen des Mahles kundtut und es erratet, so werde ich euch dreißig Hemden und dreißig Wechselkleider geben; wenn ihr es mir nicht kundtun könnt, so sollt ihr mir dreißig Hemden und dreißig Wechselkleider geben.« Dann formulierte Simson das von uns schon erwähnte Rätsel: »Aus dem Fresser kam Fraß, und aus dem Starken kam Süßigkeit.«

Die ganze Hilflosigkeit der Heiden legt der Geist Gottes nun offen. Nach drei Tagen mußten sie sich innerlich ihre Unwissenheit in geistlichen Dingen eingestehen. Doch zum vollen Geständnis wollten sie es nicht kommen lassen. Deshalb griffen sie zur Drohung. Simsons junge Frau und deren Elternhaus sollte verbrannt werden, wenn sie ihren Mann nicht überredete, ihr die Lösung des Rätsels kundzutun.

So waren und sind die Menschen in ihrer Ratlosigkeit. Können sie die Gedanken Gottes, die ihnen verkündigt werden, nicht verstehen, können sie dem Bevollmächtigten Gottes keine überzeugenden Argumente entgegensetzen, wird der Neid zum Haß, die Ratlosigkeit verwandelt sich in Wut und löst Brutalität aus. Die Wege der Gotteskinder sind zu allen Zeiten getränkt vom Blut der Zeugen, die man unter dem frivolen Schein, Gott dienen zu wollen, umgebracht hat, weil diese eine Botschaft Gottes verkündeten, die man nicht ertragen und nicht hören wollte.

An der Spitze dieser Märtyrer steht der Herr. Schon am Anfang Seines Dienstes mußte Er den Verblendeten zurufen: »Weil ich euch die Wahrheit sage, warum glaubet ihr mir nicht? Wer aus Gott ist hört die Worte Gottes.«

Die Folge dieses Zeugnisses war, daß man den Herrn sofort steinigen wollte. Seine Vollmacht, Seine Ausstrahlung göttlicher Wahrheit war für die Menschen untragbar. Der Herr Jesus wirkte die Werke Gottes, deshalb paßte Er nicht in das Klischee dieser Welt. Die »frommen« Führer damals ruhten nicht eher, bis sie den Reinen und Heiligen umgebracht hatten.

Dreißig Gesellen

Warum werden uns solche »Nebensachen« erzählt: Dreißig Gesellen, dreißig Hemden, dreißig Wechselkleider? Da jedes Wort in der Bibel einen Sinn hat, muß Gott auch mit diesen Angaben etwas bezwecken. Wäre die Berichterstattung weniger wichtig, wenn von 25 Gesellen und 25 Kleidungsstücken gesprochen würde? Ganz gewiß! Die Zahl »zehn« ist die Zahl der Verantwortung. Mit der göttlichen »Drei« multipliziert ergibt sich die Zahl »dreißig«. Der natürliche Mensch kann nie der von Gott geforderten Verantwortung entsprechen. Deshalb gab Gott zehn Gebote, keine acht und keine fünf. Die Auslegung Seiner Forderung übernimmt der Herr selbst. Er mußte während seines Erdenlebens mit religiösen, total verstockten Sündern umgehen. An Hand des göttlichen Gesetzes wollte man Ihm Fallen stellen, doch zu ihrer Beschämung antwortete Er ihnen. »Wähnet nicht, daß ich gekommen sei das Gesetz und die Propheten aufzulösen; ich bin nicht gekommen aufzulösen, sondern in ganzer Fülle darzustellen... Ihr habt gehört, daß zu den Alten gesagt worden ist: Du sollst nicht töten; wer aber irgend töten wird, wird dem Gericht verfallen sein. Ich aber sage euch, daß jeder, der seinem Bruder zürnt, dem Gericht verfallen sein wird; wer aber irgend zu seinem Bruder sagt: Raka (Tor oder Taugenichts)! dem Synedrium verfallen sein wird; wer aber sagt: Du Narr (Verrückter oder Gottloser)! der Hölle des Feuers verfallen sein wird ... Ihr habt gehört, daß gesagt ist: Du sollst nicht ehebrechen. Ich aber sage euch, daß jeder, der eine Frau ansieht, ihrer zu begehren, schon Ehebruch mit ihr begangen hat in seinem Herzen« (Matth. 5, 21-28).

Deutlicher konnte der Herr die Ohnmacht des Menschen den göttlichen Forderungen gegenüber nicht zum Ausdruck bringen. Die zehn Gebote sollten dem Geschöpf dessen ganze Kraftlosigkeit dem Gesetz Gottes gegenüber klarmachen. Wie reagieren die Menschen? Verzweifelt ringen Abertausende mit ihrer verdorbenen Natur und wollen sich zwingen, Gottes Gebote zu halten. Das aber ist so unmöglich, als würde ein Mensch versuchen, die Sonne zu verdunkeln und ihr den Schein zu nehmen.

Und was bezweckte Gott mit Seinen Forderungen? Seine Barmherzigkeit wollte uns zeigen, daß wir zur Beendigung unserer Ohnmacht Hilfe brauchten. Ein Retter, ein Stellvertreter mußte gefunden werden, um unsere Notlage Gott gegenüber zu beenden. Wie gut, daß ein Erlöser im Plan Gottes vorgesehen war. Auch Jakobus weist auf unser Problem hin, wenn er schreibt: »Wer aber ein Gebot übertritt, ist des ganzen Gesetzes schuldig; und verflucht ist jeder, der nicht in allem bleibt was das Gesetz sagt.« Wo ist nun der Mensch, der sich, nach Jesu Maßstäben, nicht des Ehebruchs oder des Menschenmordes schuldig gemacht hätte? Gott sei Dank, daß Paulus den Galatern und damit auch uns mitgeteilt hat: »Christus hat uns losgekauft von dem Fluch des Gesetzes, indem er ein Fluch für uns geworden ist; denn es steht geschrieben: Verflucht ist jeder der am Holz hängt« (Gal. 3,13).

Durch den Kreuzestod des Herrn Jesus wurde Gottes Gerechtigkeit voll zufriedengestellt und der Gesetzesübertreter mit Gott ausgesöhnt. Unser Mittler und Stellvertreter hat alles gut gemacht. Ihm allein sei Ruhm und Ehre in alle Ewigkeit! Vielleicht verstehen wir jetzt den Hinweis auf die Unwissenheit der dreißig Gesellen. Wie und woher sollten sie Einblicke in Gottes Pläne und Gedanken haben? Simsons Rätsel war ihnen verborgen und konnte ihnen nur durch einen Verkünder, durch einen Dolmetscher Gottes erklärt werden.

Frauenlist geht über Männerstärke

Die Drohung der Geladenen, die junge Frau und ihr Elternhaus verbrennen zu wollen, wenn sie bis zum siebenten Tag der Hochzeitsfeier ihrem Mann des Rätsels Geheimnis nicht entlocken würde, begründeten die Philister mit dem Hinweis: »Um uns zu berauben habt ihr uns eingeladen, nicht wahr?«

Zwei Welten stehen sich hier gegenüber. Auf der einen Seite Simson, der Geweihte Gottes mit einer geheimen Botschaft, auf der anderen Seite die Hochzeitsgäste mit der jungvermählten Frau Simsons. Daß hier Spannungen entstehen mußten, liegt auf der Hand. Doch diese Zuspitzung der Lage hätte wohl keiner erwartet. Die junge Frau mußte tatsächlich um ihr eigenes Leben und das ihrer Familie kämpfen. Die Welt kennt kein Erbarmen; wehe, wer ihre Unwissenheit offenlegt!

Simson, der sich seines jungen Glücks freut, kommt in eine gefährliche Lage. Hier seine weinende junge Frau und dort sein Geheimnis, das er nicht einmal seinen Eltern kundgetan hatte! Außerdem mußte er sich noch die verzweifelten Worte anhören, die seine Ehe schwer belasteten: »Du hassest mich nur und liebst mich nicht. Das Rätsel hast du den Kinder meines Volkes aufgegeben, und mir hast du es nicht kundgetan.«

»Du hassest und liebst mich nicht!« Dieser Aufschrei in

höchster Erregung zeugte von der Angst und Not der Frau Simsons. Das war aber auch ihr letzter und höchster Einsatz, der eingebracht werden konnte. Wenn sie ihr Ziel nicht erreichte, war alles verloren.

Dahin wird es immer kommen, wenn zwei völlig gegensätzliche Welten sich vereinen. Wie unzweideutig warnt die Bibel vor einer Ehe mit einem ungläubigen Partner. Wer sich diese Nöte ersparen will, stelle sich im Gehorsam unter die Anordnung und Forderung der Bibel: »Seid nicht in einem ungleichen Joch mit Ungläubigen. Denn welche Genossenschaft hat Gerechtigkeit und Gesetzlosigkeit? Oder welche Gemeinschaft Licht mit Finsternis?... oder welches Teil der Gläubige mit dem Ungläubigen?« (2. Kor. 6, 14-15).

Im Rausch der Leidenschaften meinen manche, die Liebe würde schon eine haltbare Brücke schlagen, sie würde stark genug sein, auch Belastungen zu ertragen, aber schon schnell kommt die Ernüchterung. Wenn der Herr Jesus nicht der erste im Bund der Ehe ist, erfährt man bald, daß Leidenschaft tatsächlich »Leiden schafft«! Ist der Herr auch im Miteinander die Mitte, können Spannungen ausgeräumt und im gegenseitigen Vergeben die Herzen sich immer wieder finden. Die zarte Blume der Liebe gedeiht nur im strahlenden Licht einer von Gott gewirkten Gemeinschaft.

Wieviele Tränen sind geflossen, weil man Gottes Wort mißachtete, weil man sich selbst und seinem Können mehr vertraute als den göttlichen Richtlinien. Wer kennt nicht den Schmerz durch die falsche Beschuldigung: »Du liebst mich nicht?« Wie manchmal traf ein Christ durch solch listige Anschuldigung falsche Entscheidungen! Sind die für eine glückliche Ehe gesteckten Forderungen der Bibel einmal übertreten, ist jeder weiterer Willkür Tür und Tor geöffnet. Deshalb müssen wir als Gläubige auf Gottes Wort achten — auch bei der Wahl des Ehepartners. Jeder muß sich durch sein Gewissen warnen lassen, um bleibende Schäden abzuwenden. Unter Eheleuten darf einfach keine Situation eintreten, die zu schwerwiegenden Spannungen führt. Die Bereitschaft zum Vergeben muß immer stärker sein als unser gekränktes Ich. Wenn wir vom ersten Tag der Ehe an gemeinsam unsere Knie beugen, kann Satan, der Durcheinanderwerfer, sein trauriges Werk der Zerstörung nie beginnen. Über unseren Ehen muß die ständige Mahnung stehen: »Was Gott zusammengefügt hat, soll, kann und darf der Mensch nicht scheiden!«

Die erste Schwäche Simsons

Ist es nicht eigenartig, daß ein Mann, der einen Löwen in Stücke zerriß, den Tränen seiner Frau unterliegt? »Und sie weinte an ihm die sieben Tage, da sie das Mahl hatten. Und es geschah am siebenten Tag, da tat er es ihr kund, denn sie bedrängte ihn.«

»Steter Tropfen höhlt den Stein,« sagt der Volksmund. Die Wahrheit dieses Sprichwortes erkennen wir auch im Nachgeben eines Simson. Wir sehen, daß auch der stärkste Mann unter den Tränen seiner Frau weich und gefügig werden kann. Dieser Gefahr muß sich jeder bewußt bleiben. Die menschliche Liebe ist nicht stark genug, auf Dauer Widerstand zu leisten; uns kann nur die Kraft des Herrn helfen, den Respekt vor Gott und den Gehorsam gegen sein Wort zu verwirklichen. Der Wille des Herrn muß über die Tränen auch von uns geliebten Menschen gestellt werden. Das mag leichter gesagt als getan werden können, aber es geht darum: »Aus deiner Nähe Herr, fließt mir Kraft und Segen in Fülle zu!« Wohl allen Eheleuten, die sich bewußt sind und bleiben, daß sie aus eigener Kraft es nie schaffen können. Mann und Frau sollten täglich rufen: »Hier hast du meine beiden Hände, ich kann ja nichts aus eigener Kraft. Du weißt den Weg, du weißt das Ende, bring' du mich durch die Fremdlingschaft!«

»Und Simson tat ihr das Rätsel kund.« Beide Seiten müssen wir in dieser Preisgabe des Rätsels sehen: Eine menschliche aber auch eine göttliche. Den menschlichen Aspekt haben wir betrachtet: das Unterliegen Simsons durch die Tränen seiner Frau. Sieben lange Tage einer weinenden, quälenden und drängenden Frau zu widerstehen, war nicht leicht. Wer von uns würde hier standhaft geblieben sein? Übrigens haben wir auch hier wieder die Zahl »sieben«. Sie zeigt uns, daß Tränen und Bitten der Frau nicht mehr zu steigern waren. Was menschliche Ausdauer aufbringen kann, wird bei diesem Ereignis sichtbar.

Auf die göttliche Seite haben wir schon einmal hingewiesen: Gott suchte auf diese Weise einen Anlaß, dem Feind Seines Volkes eine Niederlage beizubringen. Deshalb nutzt der Geist Gottes auch die menschliche Schwäche Simsons zur Erreichung des angestrebten Ziels. Simson steht in seinem Auftrag unter der geheimen Führung dessen, der ihn zum Nasir berufen hat. Simsons Taten stehen damit in Übereinstimmung mit den Gedanken Gottes. Es ist wichtig, daß wir uns diese Wahrheit stets vor Augen halten. Sonst könnten wir zu negativer Beurteilung dieses Mannes kommen und bei seinen menschlichen Schwächen stehenbleiben.

Ein wichtiger Hinweis

Gott hat uns das Leben Simsons nicht aufzeichnen lassen, um sündige Neigungen dieses Mannes bloßzustellen. Was würde bezweckt, was würde erreicht werden, wenn wir uns mit dem moralischen Tiefstand eines von Ihm Berufenen beschäftigten? Wir müssen festhalten, daß kein Mensch vor Gott gut ist, aber auch, daß Gott nie etwas beschönigt oder übermalt, sondern jeden so zeigt, wie er in Wirklichkeit gelebt hat. Auch Gottes Propheten, Jünger und Apostel waren Menschen mit Schwächen; auch Gottesmänner standen in stetem Kampf mit ihrer Natur und ihren Veranlagungen. Wenn Gott vollkommene Boten und Mitarbeiter gesucht hätte, könnte Er nie auf Menschen zurückgreifen. Scharen von Engeln hatte der Allmächtige zur Verfügung; sie hätten nach unserer Meinung die Sache Gottes besser vertreten können. Doch Gott suchte sich die völlig Ungeeigneten, damit Er an ihnen und durch sie Seine göttliche Kraft offenbaren kann. Wir wollen es endlich begreifen, daß der göttliche Grundsatz lautet: »Das, was nichts ist, hat Gott erwählt, um das, was etwas sein will (das Starke) zu schanden zu machen.«

Simson war ein Mensch wie wir alle: nicht besser und nicht schlechter als die anderen. Dabei sind unsere Neigungen und Schwächen durchaus verschieden. Was wiegt denn schwerer bei Gott: die Fleischeslust oder der geistliche Hochmut, der Stolz oder die Eifersucht. Jede Sünde kommt aus derselben Quelle. Der Herrn Jesus hat das deutlich ausgesprochen, wenn Er die Sünden der Unzucht mit Neid und Hochmut auf eine Stufe stellt: »Denn von innen aus dem Herzen der Menschen kommen die bösen Gedanken hervor: Unzucht, Diebereien, Mord, Ehebruch, Habsucht, Bosheit, Arglist ... Hochmut und Torheit« (Mark. 7, 21-23).

Was im Verborgenen geschieht ist oft schlimmer, als die Sünden, die wahrgenommen werden. Offenliegende Schuld führt auch eher zu Buße und Beugung als das, was sich in unserem Inneren abspielt, was keiner sieht und was meistens vom Täter selbst nicht so hoch bewertet wird. So war auch in den Augen des Herrn jede Heuchelei ein Greuel.

Oder will jemand dem weisen Gott einen Vorwurf machen, weil Er solch einen Mann in den Dienst eines Retters für Sein Volk Israel berief? Gott ist in Seinem Tun keinem Rechenschaft schuldig. Auch sind Seine Wege mit uns Menschen ganz anders, als wenn wir handeln würden. Alles steht Ihm zur Verfügung. Um z.B. Seinem Volk Israel in krasser Weise dessen Untreue klar zu machen, benutzt der heilige Gott sehr negative Bilder: Er verlangt von einem Propheten, sich mit einer Hure zu verbinden, um damit die Verwerflichkeit Israels zu demonstrieren.

So lesen wir: »Als der Herr anfing mit Hosea zu reden, sprach er zu ihm: Gehe hin, nimm dir ein Hurenweib und Hurenkinder; denn das Land treibt beständig Hurerei, hinder dem Herrn hinweg. Und er ging hin und nahm Gomer ... und sie ward schwanger...« (Hosea 1,2-3).

Gott ließ so die Schandtat Seines Volkes illustrieren. Was der Prophet vorführen mußte, war das Tun Israels, war seine Verbindung zu den Götzen der heidnischen Umgebung.

So wurden auch die Handlungen Simsons seinen Volksgenossen zu einem Anschauungsunterricht. Deren Untreue glich genau dem, was sie an dem Gottgeweihten verurteilen mochten. Es ist die Art des Menschen, an andere immer strengere Maßstäbe anzulegen als an sich selbst. Bei unserem Nächsten wiegt die Sünde immer stärker.

Trotz aller Ausbrüche starker Leidenschaften benutzte der Geist Gottes diesen Mann als ein Werkzeug. Nach unserem Empfinden würden wir »unmöglich« rufen. Aber es ist ein weiter Weg von diesen Ereignissen im Leben Simsons bis zu dem, was wir heute unter »Frucht des Geistes« verstehen. Das Wort Gottes setzt uns völlig andere Maßstäbe. Doch Gott geht den Weg mit Simson; wir erleben eine Kette immer neuer gnädiger, wunderbarer Eingriffe Gottes, die Seinem Volk letztlich Heilung bringen. Er ist der handelnde Gott, den wir bewundern; dabei sind Seelenzustände und Schwächen seines Werkzeuges zweitrangig.

Des Rätsels Lösung

»Am siebenten Tag, ehe die Sonne unterging, sprachen die Männer der Stadt zu ihm: Was ist süßer als Honig? Und was ist stärker als der Löwe?«

Die List hatte gesiegt! Der Nasir Gottes mußte seine erste Niederlage einstecken. Die Feinde Israels trugen einen Triumph davon, und der Knecht Gottes stand als Folge der Offenbarung seiner Schwäche wie ein Überwundener da. Nun mußte Simson sein Versprechen einlösen und den Philistern den Preis für die verlorene Wette entrichten. So könnte man urteilen, wenn nur die menschliche Seite vor uns steht. Auch in dieser Situation müssen wir aber die göttliche Fügung vorrangig sehen. Gott hatte einen Anlaß gefunden, den Philistern Sein Gericht und Seine Macht zu zeigen. Eine Stunde der Abrechnung für begangenes Unrecht am Volk Gottes war gekommen.

Was hatten die Hochzeitsgäste erreicht? Sie mußten zwar den vom Verlierer zu entrichtenden Preis nicht zahlen, doch mit dem Inhalt der Botschaft des Rätsels konnten sie nichts anfangen, weil sie dessen Tiefen nicht verstanden.

Die Welt braucht Dolmetscher, wenn es um das Verständnis für Gottes Offenbarungen geht. Wir sind als Christen immer wieder gefordert, unseren Mitmenschen bei ihrem schwersten Problem zu helfen, ihnen die Lösung des größten Rätsels anzubieten. Was quält und bedrückt ist die Unwissenheit, die bange Frage: Wie komme ich durch Tod und Gericht? Wo finde ich den gnädigen Gott, der sich mir in Erbarmen statt im Gericht zuwendet? Wer löst mir die vielen Rätsel meines sinnlosen Lebens, das keinen Inhalt und kein Ziel hat? Ich sehe die Vergänglichkeit alles Seins; ich erlebe, wie alles unter meinen Händen zerrinnt. Ein stilles Sehnen überfällt mich oft, doch ich weiß nicht, wo und wie ich dieses Verlangen stillen soll. Ist das nicht ein starkes Heimweh? Wonach und wohin sehne ich mich? Man hat mir gesagt: »Herr, wir sind zu dir hin geschaffen, und das Herz ruht nicht eher, bis es ruht in dir, o Gott!« Doch ich kenne den Weg zu diesem Hafen der Ruhe nicht! Es ergeht mir wie jenem Dichter, der verzweifelt ausrief:

Ach könnt' ich doch, von dir einmal erfüllt, o Ewiger werden. O, diese lange, tiefe Qual, wie dauert sie auf Erden!

Ach, ich bin des Treibens müde, was soll all der Schmerz, die Lust? Friede, süßer Friede, komm, ach komm, in meine Brust!

Nur Gottes Wort kann diese Not beenden. Gott zeigt jedem Suchenden den Weg nach Golgatha. Hier wird die Frage der Schuld durch Buße, Gnade und Vergebung erklärt, und hier wurde das größte Rätsel, das »anerkannt große Geheimnis: Gott ist geoffenbart worden im Fleisch« gelöst und beantwortet: »Gott war in Christo, die Welt mit sich selbst versöhnend, ihnen ihre Übertretungen nicht zurechnend.«

»Aus dem Starken kommt Süßigkeit!« Das Werk, das Angebot Gottes ist vollkommen. Es verdeutlicht die Unwissenheit, Sündhaftigkeit, Verlorenheit des Menschen, aber auch die Gnade, Güte und Barmherzigkeit Gottes! Den Tiefen der Gotteshuld entspricht die Tiefe menschlicher Schuld! Gott selbst mußte das Werk der Erlösung vollbringen, denn nur Er konnte Seinen Vorstellungen entsprechen und eine Sühnung schaffen, die Ihm entsprach und uns erlöste.

Hier, unter dem Kreuz, wird jedes Sehnen nach Frieden und Erlösung erfüllt. »Aus dem Starken kam Süßigkeit!« Wer sich vor Gott schuldig fühlt und damit der Voraussetzung zur Erlangung der Gnade entspricht, darf kommen, wie er ist, und diese Gnade in Anspruch nehmen. Der selige Gottesfriede kommt nur über den Gekreuzigten und Auferstandenen in das Herz des suchenden Menschen. Buße und Glauben sind Geschenke des Erbarmers, sie führen zu der wunderbaren Gnade der Vergebung. Herrlich, wenn ein Sünder umkehrt und glaubend die Lösung des Rätsels findet: »Was ist süßer als Honig?« Die wunderbare Erlösung! »Was ist stärker als der Löwe?« Der große Sieger auf Golgatha Jesus Chrisus!

Honig — ein Bild des Segens Gottes

Wenn ein Bild von Honig spricht, will es uns an den Segen Gottes erinnern. Etwa zwanzigmal läßt Gott Israel sagen, daß Er für sie ein Land vorgesehen hat, das »von Milch und Honig fließt«. Zweimal zehn bedeutet, daß Gott sich mit Seinem Volk einsmacht und für sie die Verantwortung übernimmt. Wenn man die Zahl »Zwei« teilt wird die Zahl »eins« erlangt. So heißt es beim Wunder der Offenbarung Gottes im Fleisch: »Ich bin vom Vater ausgegangen und in die Welt gekommen; wiederum verlasse ich die Welt und gehe zum Vater.« Oder: »Ich und der Vater sind eins.« Die »Eins« wird zur »Zwei« und strebt der »Eins« wieder zu: »Deshalb wird der Mensch Vater und Mutter verlassen und seiner Frau anhangen, und die zwei werden ein Fleisch sein.« Der Mensch, der zuerst eine Einzelperson war, wurde geteilt. Gott nahm vom Mann den weiblichen Part und bildete die Frau. Eva war nun nicht mehr »in« Adam, sondern »um« ihn. Wir lesen: »Der Herr hat ein Neues geschaffen auf der Erde: Die Frau wird den Mann umgeben« (Jer. 31,22). Der Mann geht aus der Einheit seiner Familie heraus, um mit der Frau seiner Wahl eine innigere, tiefere Einheit einzugehen. Dieses neue Verhältnis wird in der ganzen Tiefe sichtbar, wenn Paulus schreibt: »Und die Zwei werden ein Fleisch sein, dieses Geheimnis ist groß, ich aber sage es in Bezug auf Christus und die Gemeinde« (Eph. 5, 32). Wunderbarer Gedanke: Christus geht aus der Einheit mit dem Vater heraus (Phil. 2, 7), um mit der Gemeinde eine neue Einheit zu bilden. Zwei Zeugen mußten da sein, wenn ein Vorgang rechtskräftig werden sollte. Der Herr sandte seine Jünger als Zweiergruppe aus, damit sie das kostbare Evangelium verkünden sollten. Von Pharao lesen wir: »Was die zweimalige Wiederholung des Traumes an Pharao anlangt, es ist die Sache von Seiten Gottes fest beschlossen, und Gott eilt, sie zu tun.« Auch das eine Gesetz wurde nicht auf eine Tafel, sondern auf zwei geschrieben. An noch weiteren Stellen der Bibel lassen sich solche Zahlenhinweise bestätigen.

Über die Zahl »zehn« haben wir schon gesprochen. Zwei mal zehn, daß heißt, zwanzigmal erklärte Gott seinem Volk, das Er in Abraham erwählte und aus Ägypten herausführte, Er, ihr Gott, werde sie in ein Land von Milch und Honig bringen. Von Gott her war alles klar, die ganze Fülle war vorhanden. Nun ging es um den Genuß der Zusagen Gottes, und die Verantwortung, Gott im Glauben zu ehren und in diesem Reichtum zu leben.

Auch das Man, das Gott seinem Volk in der Wüste gab, »war wie Koriandersamen, weiß, und sein Geschmack wie Kuchen mit Honig«. Wenn Mose Israel zum Überdenken der Treue Gottes aufforderte, rief er ihnen zu: »So leitete den Jakob der Herr, der Herr allein, und kein fremder Gott war mit ihm. Er ließ ihn einherfahren auf den Höhen der Erde, und er aß den Ertrag des Feldes; und er ließ ihn Honig saugen aus dem Felsen und Öl aus dem Kieselfelsen.«

Besonders beindruckend sind die Aussprüche über den Honig als Bild des Segens Gottes in den Psalmen: »Die Rechte des Herrn sind Wahrheit, sie sind gerecht allesamt; sie, die köstlicher sind als Gold und viel gediegenes Gold, und süßer als Honig und Honigseim. Wie süß sind meinem Gaumen deine Worte, mehr als Honig meinem Mund.«

Die Vorräte Gottes sind unerschöpflich, darum wollen wir uns an der Quelle niederlassen, wollen schöpfen, genießen und uns am Segen des Herrn genügen lassen. Seine Aufforderung lautet: »Iß Honig, mein Sohn, denn er ist gut, und Honigseim ist meinem Gaumen süß.«

Nur wenn die Priester opferten, mußte Honig fehlen. Hier war Salz zu verwenden. Durch diese Anweisung wollte der Herr darauf aufmerksam machen, daß alles, was unsere Natur hervorbringt, untauglich als Opfer ist. Deshalb wird der Sauerteig (= ein Bild der Sünde) und der Honig (= hier ein Bild alles Süßlichen der Natur) beim Opfern untersagt. Gott kann nichts annehmen was aus unserer sündigen Natur entspringt. Das Salz wirkt dem Verderbnis entgegen und durfte nicht fehlen.

Simsons zweite machtvolle Tat

Der Gottgeweihte erkannte sofort, wem diese Gesellen das Geheimnis des Rätsels entlockt hatten. Deshalb antwortete er ihnen: »Wenn ihr nicht mit meinem Kalb gepflügt hättet, so hättet ihr mein Rätsel nicht erraten.« Zwar hatte Simsons Frau in großer Angst ihren eigenen Mann verraten, doch Simson selbst trug Mitschuld. Hätte er nicht den Tränen seiner ihm Vermählten nachgegeben, wären die Anwesenden nicht zu ihrem Triumph gelangt. Der tiefere Grund aber lag in einem Anlaß, den Gott suchte, den Feinden Seines Volkes zu schaden. Die Philister sollten erfahren, daß die Besetzung eines Landes, das dem Gott Israels gehörte, nicht ungeahndet bleiben konnte.

So finden wir hier auch den zweiten Hinweis auf den Geist Gottes: »Und der Geist des Herrn geriet über Simson und er ging hinab nach Askalon und erschlug von ihnen dreißig Mann und nahm ihre ausgezogenen Gewänder und gab die Wechselkleider denen, welche das Rätsel kundgetan hatten.«

Askalon war eine der fünf Hauptstädte der Philister. Diese

Stadt gehörte Juda, war ihm aber von den Philistern entrissen worden. Wir lesen: »Und Juda nahm Gasa und sein Gebiet ein, und Askalon und sein Gebiet, und Ekron und sein Gebiet« (Richter 1,18). Zur Zeit Simsons hatten die Philister diese Städte geraubt. Darum richtete sich der Kampf Simsons gegen die unrechtmäßigen Besitzer. Auch hieraus ersehen wir, daß Gott sich diesen Richter in Israel erwählt hatte, um Seinem Volk Recht zu verschaffen. Allein in der Kraft Gottes war dies möglich. Was vermag schon ein einzelner Mann gegen ganz Philistäa? Doch mit seinem Gott wird der Einzelkämpfer eine Macht, der niemand widerstehen kann. So bezeugte auch David: »Mit meinem Gott kann ich gegen eine Schar anrennen, mit meinem Gott kann ich über eine Mauer springen.« Für Gott gibt es keine unüberwindlichen Hindernisse.

Erstaunlich ist, daß wir keine Reaktion der Philister auf ihre erste Niederlage registrieren können. Erkannten sie ihre Ohnmacht? Sahen sie die Hand Gottes in dieser Tat? Wir wissen es nicht. Vielleicht waren sie erschrocken und in ihren Reaktionen gelähmt. Wenn Gott handelt, kann Ihn niemand hindern. Oft lesen wir von einem »Schrecken Gottes«, der auf Menschen fällt, wenn Er durch die Seinen Sein Werk betreiben läßt.

Eine Unterweisung für uns

Auch in diesem Bericht finden wir einen Hinweis auf unseren Herrn. Wie Simson kam auch Er, um vom Gegenspieler Gottes entrissenes Land zurück zu gewinnen. Satan wird der »Gott dieser Welt« genannt, doch er hat sich sein Reich mit grausamer List geraubt. Der Sieger auf Golgatha ist in diesen Besitz eingedrungen; Er hat Satan den Hausrat genommen und ihn zurückgebracht. Unserem Herrn gehört die zukünftige Welt. Den Fluch, der auf der Schöpfung lag, hat Er beseitigt. Bald wird sichtbar, wer der rechtmäßige Eigentümer dieser Welt ist. Schon im kommenden Gottesreich wird der Herr Jesus Seine Herrschaft ausüben, und die freigemachte Schöpfung wird nicht mehr seufzen, sondern aufatmen und dem zujubeln, der sie erlöst hat. Unser Herr fand sich nicht mit der Niederlage der Menschheit ab; Er überließ dem Feind nicht Sein Geschöpf, nicht das von ihm besetzte Terrain, sondern Er überwandt die Macht des Gegners und befreite das ganze Universum. Sein Sieg ist endgültig und wird zu der herrlichen Stunde führen, in der Lob und Dank an allen Enden der Erde zu Seinem Ruhm aufbrechen wird.

Jesus Christus ist Haupt über alles, wie es im Plan Gottes vorgesehen war. Die Hinweise der Bibel bestätigen das: »Durch ihn, für ihn und zu ihm hin ist alles geschaffen.« An anderer Stelle lesen wir: »...nach seinem Wohlgefallen, das er sich vorgesetzt hat in sich selbst für die Verwaltung der Fülle der Zeiten: alles zusammenzufassen in dem Christus, das, was in den Himmeln, und das, was auf der Erde ist — in ihm« (Eph. 1,10). Er, der anbetungswürdige Gottes- und Menschensohn hat durch die Hingabe Seines heiligen Blutes alle Dinge im Himmel und auf Erden gereinigt. Wir staunen über diese Offenbarungen der Bibel, wenn uns gesagt wird: »... und fast alle Dinge werden mit Blut gereinigt nach dem Gesetz, und ohne Blutvergießung gibt es keine Vergebung. Es ist nun nötig, daß die Abbilder der himmlischen Dinge hierdurch gereinigt werden, die himmlischen Dinge selbst aber durch bessere Schlachtopfer als diese« (Hebr. 9, 22-23).

Wenn himmlische Dinge gereinigt werden mußten, war eine Verunreinigung eingetreten. Deshalb spricht die Bibel auch vom Erscheinen Satans vor Gott (Hiob 1 u. 2). Dort versucht er, die Brüder zu verklagen. Dadurch wurden die Dinge in den himmlischen Örtern beschmutzt. Auch diesen Makel hat der Sieger am Kreuz beseitigt. Alle Bereiche im Himmel und auf Erden hat der Herr Jesus im Kampf zurückgewonnen. Wie Simson nach Askalon, drang Er in den Machtbereich Satans und zerstörte dessen Bastionen. Auf dieser Grundlage erfüllt sich das Gotteswort: »Siehe, ich mache alles neu!« »Und ich sah einen neuen Himmel und eine neue Erde, auf welcher Gerechtigkeit wohnt!«

Eine herrliche Aufgabe

Vom Sieg Jesus her ziehen auch wir in den Kampf. Unser Herr geht voran. Während Er sich vom Honig, von der Frucht Seines Sieges stärkt, reicht der Herr auch uns dar. Seine Freude, Seine Kraft, Sein Sieg, Sein Erfolg werden von uns genossen. An allem haben wir Anteil, sogar an dem Erbe, das Ihm allein zusteht. Freuen wir uns, daß der ganze Reichtum des Christus auch uns gehört! Alles ist Geschenk und Gabe, und das führt zur schönsten Aufgabe. In Seinen Fußspuren, in fester Tuchfühlung mit Ihm, dem Sieger, ist uns der Sieg sicher. Schätzen wir dieses Vorrecht? Oder haben wir, wie es leider bei manchen Christen der Fall ist, uns damit abgefunden, daß der Feind, daß die Welt sich über Gottes Eigentum hermacht? Wir wollen auf dem Vormarsch bleiben! Es gilt, noch manches in Besitz zu nehmen. Alle Segnungen sind uns zugesagt. Wenn wir sie nicht ergreifen, und in Besitz nehmen, haben wir keinen Nutzen davon. Aus Erfahrung wissen wir, daß der Feind alles aufbietet, um unseren Vormarsch in das Land der Segnungen zu verhindern. Seine Absicht ist es, uns mit immer neuen nebensächlichen und wertlosen Dingen zu beschäftigen, damit wir das Eigentliche, das uns Zugesprochene aus den Augen verlieren.

Auch unserem Herrn Jesus ist nichts in den Schoß gefallen. Wie hat Er kämpfen und ringen müssen, dem Gegenspieler Gottes das von diesem Geraubte zu entreißen. Sein Einsatz kostete Ihn Sein Leben. Ihm wollen wir in Dankbarkeit die Treue halten; wir wollen nicht ruhen und rasten, bis wir mit Seiner Kraft das uns von Ihm Erworbene wirklich besitzen.

Die Bibel nennt auch unsere Aufgabe einen Kampf, denn die Nachfolge hinter Jesus her ist kein Spaziergang. Paulus schreibt:»Unser Kampf ist nicht gegen Fleisch und Blut, sondern gegen die Mächte, gegen die Gewalten, gegen die Weltbeherrscher dieser Finsternis, gegen die Geister der Bosheit in der Himmelswelt. Deshalb ergreift die ganze Waffenrüstung Gottes, damit ihr an dem bösen Tag widerstehen und, wenn ihr alles ausgerichtet habt, stehen könnt. So steht nun, eure Lenden umgürtet mit Wahrheit, angetan mit dem Brustpanzer der Gerechtigkeit und beschuht an den Füßen mit der Bereitschaft des Evangeliums des Friedens. Bei alledem ergreift den Schild des Glaubens, mit dem ihr alle feurigen Pfeile des Bösen auslöschen könnt. Nehmt auch den Helm des Heils und das Schwert des Geistes, das ist Gottes Wort« (Eph. 6, 12-17).

Vollkommen ist die Ausrüstung! Wahrlich, der Herr hat unserer menschlichen Armut entsprochen und jede Vorsorge getroffen. Ihm ist auch die grausame List des Feindes bekannt, darum dürfen wir dankbar sein, daß Er uns diese sechs Teile einer Ausrüstung darreicht. Sechs ist die Zahl des Menschen; weil wir als solche gefordert sind in dieser Welt, hat Er die Waffenrüstung entsprechend ausgewählt. »Nehmt nun!« ist Mahnung und Aufforderung an uns.

Nehmen wir die zusätzlichen Anweisungen zu Gebet und Flehen hinzu, kommen wir wieder zur Zahl der Vollkommenheit; das heißt: Wir sind in jeder Hinsicht abgesichert, ein Zweifel an unserem Sieg kann nicht aufkommen. Es ist die »Waffenrüstung Gottes«! Was von Gott kommt, ist vollkommen. Die Garantie des Sieges hat Er selbst übernommen mit dem Angebot dieser Ausrüstung.

Merken wir, woher unsere Niederlagen kommen? Wir meinen, ohne Waffenrüstung auskommen zu können. Wir versuchen, ohne die Kraft von oben dem Feind entgegenzutreten. Dann steht das Resultat fest: eine klägliche Niederlage! »Und der Geist des Herrn geriet über Simson und er ging...« In der Kraft dieses Geistes zog auch unser Herr Jesus dem Teufel entgegen. Er opferte sich durch den ewigen Geist, Gott zu einem duftenden Wohlgeruch. Diese Gotteskraft, die auch in dem Schwachen zur Geltung kommen will, ist die entscheidende Voraussetzung zum Sieg.

Paulus rief dem Timotheus zu: »Kämpfe den guten Kampf des Glaubens; ergreife das ewige Leben, zu dem du berufen worden bist...« Aus eigener Erfahrung schrieb Petrus die Warnung: »Seid nüchtern, wachet! Euer Widersacher, der

Teufel, geht umher wie ein brüllender Löwe und sucht, wen er verschlingen könne. Dem widersteht standhaft im Glauben.«

»Seid stark in dem Herrn und in der Macht seiner Stärke,« heißt es bei der Aufforderung, die Rüstung Gottes zu ergreifen. »Aus eigner Kraft ist nichts getan, wir sind schon bald verloren,« singt Luther. Simson war auf den Verrat durch seine junge Frau nicht vorbereitet. Plötzlich sah er sich als Verlierer. Die Feinde kannten sein Geheimnis, sie konnten durch Erpressung sein Rätsl lösen. Sie hatten mit »seinem Kalb gepflügt«, das heißt: sie hatten seine Frau bedroht und von ihr die Preisgabe der Lösung des Rätsels erzwungen. Aber Simson hatte auch nichts in der Hand, als er die Hinterlist der Hochzeitsgäste feststellte. Als Mensch war er machtlos, aber als Gottgeweihter hatte er die Voraussetzungen zum Sieg. »Der Geist des Herrn kam über ihn.« Das allein garantierte den Triumph über den Feind. »Dies ist der Sieg, der die Welt überwunden hat: unser Glaube.«

Es geht bei diesem Kampf um die Ehre Gottes. Wer selbst Ruhm und Ansehen ernten will, muß gewiß scheitern. Es geht immer gegen den Strom, nur tote Fische schwimmen mit dem Strom. Der pflichtbewußte Streiter Jesu Christi bleibt nahe bei seinem Herrn. Die Kreuzes- und Todesgemeinschaft mit dem Erlöser ist Voraussetzung, um an der Lebens- und Siegesgemeinschaft teilhaben zu können.

Menschen, die vom Sieg Jesus her kämpfen, können auch andere beschenken. Sie empfangen von ihrem Herrn und geben an andere weiter. Schenkende sind immer glücklich! Der Herr Jesus gibt uns »nach seinem Reichtum«, und wir reichen diesen empfangenen Segen weiter. So werden wir zu Freudenspendern. Wir machen Menschen glücklich, wir weisen ihnen den Weg vom geistlichen Tod zum ewigen Leben.

Als Jochgenossen des Herrn Jesus gibt es für uns nur eine Aufgabe: das große Heil in Jesus Christus einer verlorenen Welt vorzustellen und vorzuleben. Wenn wir in unserem Bild bleiben, heißt dies: Dem Feind die Gebiete entreißen, die er geraubt hat. Spurgeon in seiner originellen Art schreibt einmal: »Wozu ist die Uhr da? doch nur um uns die Zeit anzusagen. Wozu der Bleistift? doch gewiß dazu, daß man ihn benutzt zum Schreiben. Welche Bedeutung hat ein Christ, der nicht seinen Zweck erfüllt? Er ist völlig wert- und nutzlos!«

Darum sollte sich auch niemand der Verantwortung entziehen. Die Welt versteht nichts vom Sieg des Herrn Jesus, darum sind Verkündiger gefragt. Jeder ist an seinem Platz gefordert. Wenn Simson mit den Feinden in Berührung kam, gab es Kampf und Sieg. Welt und Christentum stellen entgegengesetzte Pole dar, sie sind wie Feuer und Wasser und schließen sich gegenseitig aus. Darum sind auch für uns Christen klare Grenzen gezogen. »Alles was in der Welt ist: Die Lust der Augen, die Lust des Fleisches, der Hochmut des Lebens, ist nicht vom Vater, sondern von der Welt«, schreibt Johannes in seinem ersten Brief. Das also ist der Inhalt der Welt! Hier ist das Kampfgebiet, solange wir auf dieser Erde sind. Mit dem Herrn Jesus sind wir gestorben; in Seinem Tod haben wir Sieg über unser Fleisch, über alle Forderungen der Natur. In diesem Sieg liegt wahre Freude und Glückseligkeit.

Ein trauriges Resultat

Über unseren nächsten Abschnit kann man das Wort stellen: »Ein wenig Schlaf, ein wenig Schlummer, ein wenig Händefalten, um auszuruhen: und deine Armut wird kommen wie ein rüstig Zuschreitender, und deine Not wie ein gewappneter Mann« (Sprüche 6, 10-11).

Armer Simson! so möchte man ausrufen. Hätten dich die Tränen deiner Jungvermählten nicht erweicht, wie ganz anders wäre — menschlich gesehen — dein Leben verlaufen. So aber, weil er ihrem Drängen und Weinen nachgab und ihr die Lösung des Rätsels erzählte, zerbrach sein junges Glück. Erstaunt lesen wir: »Und sein Zorn entbrannte, und er ging hinauf in das Haus seines Vaters. Und die Frau Simsons wurde einem seiner Gesellen gegeben.«

So plötzlich ging seine Ehe zu Bruch. Ein unbedachter Augenblick, die Anwandlung einer kleinen Schwäche, und schon hat der Feind eine Lücke zum Eindringen entdeckt. Wie wichtig ist die Warnung des Herrn Jesus, die Er an Seine Jünger richtete: »Wachet und betet, denn der Geist ist willig, das Fleisch aber schwach!« Wie mancher hat in einer schwachen Stunde die Weichen für sein ganzes Leben falsch gestellt. Wieviel Herzeleid ist durch die Verbindung mit einem ungläubigen Partner schon entstanden! Die Sünde bindet und nimmt uns die klare Schau. Ehe wir uns versehen haben, hat die Lust des Fleisches ihre gefährlichem Fäden um ihr Opfer geschlungen. Meide die Gefahr; folge dem Rat der Bibel, wenn du Sieger über das Fleisch bleiben willst! Gottes Wort sagt uns: »Der Name des Herrn ist ein fester Turm, der Gerechte eilt dahin und ist in Sicherheit« (Sprüche 18,10), Unachtsamkeit aber führt ins Unglück.

Einige Beispiele

Abraham vergaß für einen Augenblick die Verheißungen Gottes, folgte dem Rat seiner Frau Sara und betrübte den Herrn, indem er seine Magd Hagar nahm und den Ismael zeugte. Großes Herzeleid entstand in seinem Haus; bis heute leiden Isaaks Nachkommen unter den Völkern, die Ismael zum Stammvater haben. Einen Moment schaute dieser Gottesmann auf die Gefahr in Ägypten, schon verleugnete er seine Frau, indem er sie als seine Schwester bezeichnete, und gefährdete alle Zusagen Gottes.

Wie ganz anders handelte Abraham, als er mit dem lebendigen Gott rechnete. Mit seinen Knechten jagte er fünf Könige, die mit ihren Soldaten seinen Neffen Lot, dessen Habe und die Bewohner jener Umgegend in die Sklaverei weggeschleppt hatten. Er besiegte die Feinde und befreite Lot mit allen Gefangenen.

Lot wählte, als er die saftigen Weiden sah, die Ebenen des Jordans für sich und landete in den Städten Sodom und Gomorra. Seine Verbindung mit der gottlosen Welt kostete ihn seine Frau und sein gesamtes Vermögen.

David genoß in den Tagen des Kampfes gegen Ammon die Ruhe, er sah Bathseba und nahm die Frau eines seiner Männer zu sich. Ein unbewachter Augenblick machte ihn zum Ehebrecher und dann zum Mörder.

Elia, der Glaubensheld, hatte den Sieg über alle Baalspriester errungen. Allein, aber in tiefer Gemeinschaft mit seinem Gott, hatte er den ganzen Baalskult der Lächerlichkeit preisgegeben und ihn beseitigt. In ihrer Wut drohte die gottlose Königin Isebel den Propheten umzubringen. Der Glaubensmann wurde unter diesen Drohungen ängstlich; er floh, legte sich unter einen Ginsterstrauch und begehrte zu sterben.

Petrus, dieser feurige Mann, der in Gethsemane das Schwert gegen die Feinde seines Herrn zog, saß einige Stunden später mit diesen Leuten am Kohlenfeuer, wärmte sich und verleugnete dreimal den Herrn Jesus.

Ananias und Saphira wurden durch einen Angriff des Teufels zur Habsucht verleitet. Sie verkauften einen Acker, behielten aber einen Teil des Kaufpreises für sich und brachten den Rest zu den Aposteln. Dabei logen sie, indem sie die gespendete Summe als Gesamtbetrag ausgaben und fanden beide den Tod. Wer Gott hintergehen will, handelt töricht! Niemand zwang Ananias und Saphira, ihr Geld zu geben. Warum nur wollten sie etwas vorheucheln, was nicht echt und wahrhaftig war?

»Ich müßte ja vor Angst verzagen, wüßt' ich nicht, daß Du mit mir gehst!« Diese Feststellung will uns zur Vorsicht mahnen. Nur in Jesus Christus sind wir geborgen und vor jedem Zugriff des Feindes sicher.

Richter 15
Simson kehrt zu seiner Frau zurück

Manches, was uns in der Simsongeschichte berichtet wird, können wir heute nicht mehr nachvollziehen. Weil aber alle diese Begebenheiten vom Geist Gottes diktiert sind, liegt in allen Hinweisen eine Belehrung für uns. Wer kann verstehen, daß jemand im Zorn seine junge, wenn auch unaufrichtige Frau verläßt und nach einiger Zeit wieder zu ihr gehen will. Ist Simson zur Einsicht gekommen, daß Zorn nie Gottes Gerechtigkeit bewirken kann? Hat er, als er innerlich zur Ruhe kam, sein falsches Handeln eingesehen? Wir wissen es nicht. Was für uns lehrreich ist, ist Simsons Versuch, begangene Fehler zu bereuen und das begangene Unrecht wieder gut zu machen. Unterlaufen uns Fehler, sollten wir nicht wie Toren in ihnen verharren.

Simson jedenfalls suchte seine Frau wieder auf. Er war zur Aussöhnung bereit und brachte ihr ein Ziegenböcklein als Sühnegeschenk mit. Das ist vorbildlich und fehlt bei uns leider oft. Wir sollten nicht auf unser vermeintliches Recht pochen und den Beleidigten spielen. Leben wir, die Kinder Gottes, nicht von der Vergebung? Wenn wir diese täglich benötigen, wie kann es möglich sein, daß Unversöhnlichkeit gegen andere uns erfüllt? Wäre immer die Gesinnung Simsons bei uns vorhanden, würde viel Herzeleid vermieden!

Gottes Wort geht noch einen Schritt weiter. Die Gesinnung des Herrn Jesus läßt es nicht zu, daß die Sonne untergeht über unserem Zorn. Es ist ein besonderes Vorrecht, daß Gotteskinder, die die Gnade kennen lernten, sich im gegenseitigen Annehmen üben, um so zu vermehrter Freude und Glückseligkeit zu gelangen.

Simson mußte eine große Enttäuschung erleben. Als er zu seiner Frau einkehren wollte, trat ihm sein Schwiegervater entgegen und stellte fest: »Ich habe gewißlich gedacht, daß du sie haßtest, und so habe ich sie deinem Gesellen gegeben.«

Der Zorn Simsons hatte sich also nicht ausgezahlt. Vielleicht waren ihm die Gepflogenheiten der Philister nicht bekannt. Man setzte sich damals schnell über auftretende Schwierigkeiten hinweg. Ohne große Skrupel zu empfinden oder einen Versuch zu starten, die Einstellung Simsons zu erkundigen, hatte der Mann seine Tochter an einen anderen Mann verschachert. Trostlos war das Schicksal mancher Frau in jenen Tagen. Sie war völlig rechtlos; ihre Meinung interessierte nicht, man bestimmte einfach über sie hinweg, wen sie heiraten mußte. Dieses traurige Los aufgrund der heidnischen Bräuche wird manches Mädchen zu vielen Tränen getrieben haben.

Wie harmonisch verläuft dagegen die Brautwerbung für Isaak. Rebekka konnte selbst entscheiden, als sie gefragt wurde: »Willst du mit diesem Manne ziehen?« Mit freudiger Bejahung zog sie unter dem Segen des Elternhauses in ihr junges Glück.

Vor der Verbindung mit der Welt aber können wir nie genug warnen. Welt und Christentum sind zwei Gegensätze, die nie zusammen passen. Wer leichtfertig diese Grenzen verwischt, muß schwer dafür büßen und zahlen.

Erneute Gefahr: die Welt lockt

Dem Vater der jungen Frau scheint das Gewissen geschlagen zu haben. Hatte er mit der Rückkehr des Ehemannes nicht mehr gerechnet? War er verärgert über Einstellung und Zorn seines Schwiegersohns? Wollte er dem Gottgeweihten eine Lektion erteilen? Hierüber schweigt die Bibel. Aus dem Angebot des Philisters an Simson geht der Versuch hervor, den Erregten milde zu stimmen: »Ist nicht ihre jüngere Schwester schöner als sie? Möge sie doch dein werden an ihrer Statt.«

Das war für das Fleisch ein verlockendes Angebot. Aber Simson blieb stark. Er wollte keinen Ersatz für seine Ehefrau. Enttäuscht und verbittert wandte er sich ab, um die ihm zugefügte Schmach an den Philistern zu rächen.

Wohl allen, die Versuchungen überwinden! Die Welt bietet immerfort ihre üblen Köder an. Doch wehe dem, der den Giftbecher nimmt und ihn leert! Die Bibel warnt und zeigt den Weg des Sieges. Wer sich in den Kampf mit den Lüsten des Fleisches einläßt, unterliegt. Gottes Wort kennt hier nur einen Ausweg: die Flucht. »Die jugendlichen Lüste aber fliehe!« Hüten wir uns vor einem Frieden zwischen der Welt und uns. Gott will dafür sorgen, daß die Grenzen klar gezogen bleiben.

Simsons dritte Großtat

Simson sprach zu den Anwesenden: »Diesmal bin ich schuldlos an den Philistern, wenn ich ihnen Übles tue. Und er ging hin und fing dreihundert Schakale; und er nahm Fackeln und kehrte Schwanz an Schwanz und tat eine Fackel zwischen je zwei Schwänze in die Mitte, und er zündete die Fackeln mit Feuer an. Und er ließ sie los in das stehende Getreide der Philister und zündete sowohl Garbenhaufen als stehende Getreide und Olivengärten an.«

Auch bei diesem Geschehen müssen wir uns schließlich von dem Gedanken einer Rache des Simson lösen. Es ging nicht um eine persönliche Vergeltung, denn dazu hätte der Knecht Gottes seine ehemaligen Gäste angegriffen, sondern um die Belange Gottes, dessen Vollstrecker Simson war. Daß bei Gerichtshandlungen Simsons fast immer eine Frau der Anlaß für seine Aktivitäten gegenüber den Philistern wurde, ist eine Eigenart seines Lebens. Wir erinnerten uns bereits daran, daß Gott alle Mittel zur Verfügung stehen, wenn Er eingreifen will. So benutzt Er auch diesen Richter, der von einer Vergeltung zur anderen schreitet.

Daß Simson auch hier nur ein Werkzeug ist, muß jedem Leser sofort klar werden. Wer kann mit Klugheit, List oder Gewalt dreihundert Schakale fangen? Wer will mit bloßen Händen diese Raubtiere bändigen und ihre Schwänze zu Paaren zusammenbinden? Wo und wann will ein Mensch dreihundert dieser Tiere finden und zusammentreiben? Wenn auch in Palästina Schakale oft anzutreffen sind, liegt doch in dieser Begebenheit etwas völlig Ungewöhnliches. Der Glaube aber zweifelt nicht an der Echtheit der göttlichen Aussagen, weil für Gott kein Ding unmöglich ist.

Schakale sind unreine Tiere, die heulend in den Nächten die Wüsten durchziehen und sich von Abfällen und Aas ernähren. Hiob klagt: »Trauernd gehe ich einher, ohne Sonne; ich stehe auf in der Versammlung und schreie. Ich bin ein Bruder geworden den Schakalen, und ein Genosse den Straußen« (Hiob 30, 28-29). Wenn Jesaja das Gericht über Babel ankündigt, schreibt er: »Aber Wüstentiere werden dort lagern, und ihre Häuser mit Uhus angefüllt sein; und Straußе werden dort wohnen und Böcke dort hüpfen; und wilde Hunde werden heulen in seinen Palästen und Schakale in den Lustschlössern« (Jes. 13, 21-23).

Ein wertloses, abstoßendes Tier, der Schakal wird in der Hand Gottes brauchbar zur Durchführung Seiner Pläne. Er muß helfen bei der Befreiung des Volkes Gottes; er wird Vollstrecker des Gerichts an den Feinden. Zu zwei und zwei werden die Tiere losgelassen. Hundertfünfzig Paare fliehen mit brennenden Fackeln und vernichten die ganze Ernte.

Welch eine ernste Sprache! Wunder über Wunder wirken mit, wenn Gott Gnade in Gericht umwandeln muß. Vierzig Jahre, die Zahl der Verantwortung, der Probe, der Bewährung hatten die Philister unter dem Volk Gottes nach Willkür gelebt und geherrscht. Waren sie dem Gott des Himmels näher gekommen? Hatte die tägliche Verbindung mit Israel sie beeinflussen oder gar für Gott gewinnen können? Die Feindschaft war geblieben; jetzt war die Probezeit abgelaufen; die Philister konnten nur noch durch Gericht unterwiesen werden. Die Auswirkung des Redens Gottes war gewaltig. Die Ernte eines Jahres verbrannte. Die Art des Eingreifens Gottes konnte die Gestraften zum Nachdenken bringen, denn Gottes Gericht dient immer der Unterweisung. Der Grundsatz Gottes bleibt: »Ein Mann, der, oft zurechtgewiesen, den Nacken verhärtet, wird plötzlich zerschmettert werden ohne Heilung« (Sprüche 29,1).

Die Philister nahmen das Wunder nicht zur Kenntnis, sondern nur seine Auswirkungen. Wo war jemals so etwas gesehen worden? Wilde Tiere, zusammengebunden mit ihren Schwänzen, tragen brennende Fackeln in reifende Getreidefelder! Hätten diese Leute nicht wie einst die Ägypter bei den Wundern des Mose vor dem Pharao ausrufen müssen: »Siehe, das ist Gottes Finger!« Doch ihr Blick auf das Irdische, auf ihren Besitz, machte sie blind für ein tieferes Erkennen. Sie hatten die Gnade vergeblich empfangen.

Wir sehen aber Jesus

Es ist wunderbar, daß wir in allem, was die Bibel mitteilt, die Spuren des Herrn Jesus finden. Er kam in diese Welt, die voller Gewalttat, Haß, Mord und Feindschaft ist. Damals wie heute gilt: »Ein jeder tat, was recht war in seinen Augen!« Mit großem Nachdruck rief Jesus Christus: »Ich bin gekommen, Feuer auf die Erde zu werfen, und wie wünschte ich, es wäre schon angezündet! Ich habe eine Taufe, womit ich getauft werden muß, (= Leidenstaufe, Versenkt-Werden in ein Meer von Leiden und in den Tod) und wie bin ich bedrängt, bis sie vollbracht ist! Denkt ihr, daß ich gekommen sei, Frieden auf der Erde zu geben? Nein, sage ich euch, sondern vielmehr Entzweiung« (Luk 12, 49-52).
Der Herr erwartet eine klare Entscheidung. Entweder für oder gegen Ihn, lautet die Frage. Annahme Seiner Liebe, Seines Opfers, bedeutet Gnade, Ablehnung aber Gericht. Jesus sendet das Feuer, die Schakale mit den brennenden Fackeln, in diese Welt, um die Werke des Teufels, die Ernte des Feindes zu vernichten. »Ich bin diesmal schuldlos an den Philistern!« In dieser Haltung stand auch der Reine und Heilige, der Schuld- und Sündlose, inmitten Seiner Feinde. Er wollte ihnen Gnade um Gnade anbieten, wirkte mächtige Zeichen und Wunder, aber Verachtung, Haß und Ablehnung begegneten Ihm. Eigenes Ansehen, ihre Sorge um Beruf und Existenz stand im Vordergrund, darum ruhten die Führer Israels nicht, bis sie ihren Retter aus Neid umgebracht hatten. Wie Simson, stand auch der Herr einer feindlichen Über-

macht gegenüber. Die Fronten waren eindeutig klar. Kompromißlos standen sich Gottes Macht und das Reich Satans gegenüber. Der Kampf mußte bis zum Ende durchgestanden werden; er brachte unseren Herrn Jesus und auch Simson den Tod.

Schicksalsgemeinschaft

Die Erlösten sind Herausgerufene. Der Herr hat sie zu seinem Zeugnis an die Welt erwählt. Wie Er sind auch sie in den Kampf gerufen. Die Fronten stehen fest; die Parole lautet: hier Licht, dort Finsternis, hier der Bereich Gottes, dort das Reich der Finsternis. Eine Verwischung der Fronten kann nicht hingenommen werden. Die Bibel sagt, daß uns Kampf verordnet und Ausweichen nicht möglich ist. Die Aufgaben sind klar umrissen. Es geht um die Entscheidung für oder gegen Christus. Entweder ist Er dem Einzelnen zum Aufstehen oder zum Fall gesetzt, entweder ist die Botschaft Gottes ein Geruch des Lebens zum Leben oder ein Geruch des Todes zum Tode. Gnade und Gericht sind Inhalt des Evangeliums des Christus. Wer zum Angebot Gottes »ja« sagt, ist geborgen in Jesus, wer Ihn ablehnt, kann dem Gericht nicht entfliehen.

Der Herr Jesus sandte Seine Jünger zu zwei und zwei. Wie damals die Schakale trugen und tragen Jesus Zeugen das Feuer in die Reihen der Feinde. Die Ernte des Gegenspielers Gottes ist in Gefahr, sie wird vernichtet werden. Was am Ende der Gnadenzeit ohne Jesus Christus übrigbleibt, geht im Feuer des Gerichts unter.

Von ihrer Aufgabe her sind die Gesandten des Herrn Jesus stets Fremdkörper in dieser Welt. Ihre Botschaft bewirkt Ärgernis, erregt Widerwillen, sogar Wut und führt zu Angriffen auf die lästigen Mahner. »Geliebte, laßt euch durch das Feuer der Verfolgung unter euch, das euch zur Prüfung geschieht, nicht befremden, als begegne euch etwas Fremdes; sondern freuet euch, insoweit ihr der Leiden des Christus teilhaftig seid, damit ihr euch auch in der Offenbarung seiner Herrlichkeit mit Frohlocken freut. Wenn ihr im Namen Christi geschmäht werdet, glückselig seid ihr« (1. Petr. 4, 12-14).

Die Kirchengeschichte ist voller Beweise von dem, was der Einzelne vermag, der in der Kraft Gottes dem Feind entgegentritt. Denken wir an Mose, an Elias, an Luther, an Calvin, an die vielen Glaubenshelden und an die Märtyrer. Das Werden des Reiches Gottes ist mit Blut getränkt. Wie die Schakale, die Simson losjagte, bei der Durchführung ihrer Aufgaben den Tod fanden, sind viele Männer und Frauen im Dienst für ihren Retter und Erlöser den Märtyrertod gestorben. Gott ließ das zu; Er beschenkte diese treuen Knechte mit der Gnade und dem Vorrecht, ihn durch ihren Tod besonders zu verherrlichen. Ihre Kraft hierzu kam von dem Sieger auf Golgatha.

Bis heute hat Gott solche, die wie einst Daniel sich weigern, ihre Leiber zu verunreinigen, die eher Leiden und Tod auf sich nahmen, als dem Gott dieser Welt nachzugeben und ihm zu opfern. Denken wir dabei auch an unsere Weggenossen unter der Herrschaft blutdürstender Diktatoren.

Wir leben im satten Westen in aller Ruhe. Wollen wir nicht umso kompromißloser die gestellten Aufgaben durchführen und daran festhalten, was ein Dichter schreibt:

Was kann es in diesem kurzen Leben,
für reinere, schönere Freude geben,
als Seelen führen zum Lamme hin!

Ein anderer ermuntert uns:

Einst ruft, o wolle Gott es geben,
Auch mir, vielleicht ein Sel'ger zu:
Heil dir! denn du hast mir zum Leben,
Den Weg gezeigt, zur sel'gen Ruh'!
O Gott, wie muß das Glück erfreu'n,
Der Retter einer Seel' zu sein!

Die Grausamkeit der Welt

Die Tat Simsons brachte die Philister in große Unruhe. Statt das ungewöhnliche Ereignis als Fingerzeig Gottes anzuerkennen, suchen sie einen Schuldigen in ihren Reihen: »Und die Philister sprachen: Wer hat das getan? Und man sagte: Simson, der Schwiegersohn des Timniters, weil er ihm seine Frau genommen und sie seinem Gesellen gegeben hat. Da zogen die Philister hinauf und verbrannten sie und ihren Vater.«

Eine grauenvolle Reaktion! Wie roh und gefühllos kann der Mensch werden, wenn er Verluste einstecken muß. Nie sucht er bei sich selbst ein Verschulden. Der Gedanke, daß hinter dieser so ungewöhnlichen Vernichtung der Ernte die Hand des Höchsten zu suchen sein könnte, kommt ihnen einfach nicht. Da ist ein neuer Beweis dafür, daß der Mensch tot ist in Sünden und Übertretungen, daß er keine Antenne für die Sprache Gottes hat. Es ist auch viel einfacher, die Schuld in unserer Umgebung zu suchen.

Die Tat des Timniters war schon verwerflich. So eigenmächtig über die Frau seines Schwiegersohns zu verfügen, erfordert schon ein gewisses Maß an Selbstherrlichkeit. Nach den Sitten der damaligen Zeit war die Handlung gar nicht so ungewöhnlich. Längst hatte man die Anordnungen und Gesetze Gottes über Bord geworfen und vergessen. Die Grausamkeit in der Reaktion der Philister war wesentlich verwerflicher. Der Mensch ohne Gott scheute aber nie davor zurück, auch grundlos seine Mitmenschen zu morden.

Auch diese furchtbare Schandtat benutzte Gott, um durch sein Eingreifen dem Feind zu beweisen, wer die Macht besitzt und wer begonnen hat, Seinem Volk die Fesseln zu lockern. Menschen haben sich an ihrem Nächsten vergriffen. Gott weist sie durch Seine Macht in ihre Schranken zurück. Dieser Gedanke soll uns als Gotteskinder der Gnadenzeit mit Ruhe und Frieden erfüllen. Hinter allem Geschehen steht das Wort: »Rächet euch nicht selbst Geliebte, sondern gebet Raum dem Zorn; denn es steht geschrieben: Mein ist die Rache; ich will vergelten, spricht der Herr. Wenn nun deinen Feind hungert, so speise ihn; wenn ihn dürstet, so tränke ihn; denn wenn du das tust, wirst du feurige Kohlen auf sein Haupt sammeln« (Röm. 12, 19-20).

Solche Worte atmen den Geist der Gnade und des Friedens. Glückselig alle, die sie zur Richtschnur ihres Handelns machen!

Ein weiteres Gnadengeschenk an die Gemeinde Jesu ist die Möglichkeit der Vergebung. Wer die Größe der Gunst Gottes erfahren hat, wer aus tausendfacher Schuld im Glauben an den Gekreuzigten und Auferstandenen Gnade fand, weiß um das kostbare Vorrecht, selbst in den doch unwichtigen Dingen des Alltags vergeben zu dürfen. Wer von der Vergebung lebt, ist glücklich, auch vergeben zu können. Wer diesen Geist der Gnade und Liebe nicht in sich wirken lassen kann und will, sollte sein Verhältnis zur heilbringenden Gnade in Jesus Christus überprüfen, ob dieses überhaupt besteht und bei ihm echt ist.

Vor 54 Jahren schrieb ein Bruder über den Vers: »Seid aber gegeneinander gütig, mitleidig, einander vergebend, gleichwie auch Gott in Christo euch vergeben hat« (Eph. 4, 32) folgendes Gedicht:

O sage nie: Ich kann es nicht
Vergeben und vergessen!
Und wende dann dein Angesicht —
Nein, das wäre stolz vermessen!
Das ist nicht Christi Art und Sinn,
Der dir wohl tausendmal verzieh'n,
Wenn du Ihn tief betrübtest!

Und kränkte einer dich so tief,
wie Menschen kränken können,
Und wenn voll Zorn er von dir lief
Und deine Wunden brennen,
Nachdem dich traf sein bitt'rer Pfeil, —
Noch eh' die Sonne sinket, eil',
Mit ihm dich zu versöhnen!

Frag nicht, wer hat die größte Schuld,
Am meisten sich zu beugen!
Frag nur, wer hat die größte Huld?

Jetzt gilt es sie zu zeigen!
Auch wenn ging fort im Ungestüm
Dein Feind, geh' hin und biete ihm
Zum Frieden beide Hände!

Dann steht er vor dir tief beschämt,
Mit Tränen wohl im Auge;
Dann ist des Hasses Blick gelähmt,
Und von dem Friedenshauche,
Der dich begleitet, übermannt,
Reicht er versöhnend dir die Hand,
Und glücklich seid ihr beide.

Der Herr, der reich ist an Vergebung, möchte gern Seine Geliebten mit Seiner königlichen Gesinnung beschenken. Das Vorrecht, Träger der Gnade, des Erbarmens und der Vergebung zu sein, ist das höchste Geschenk auf Erden; es macht alle, die das praktizieren, froh und glücklich.

Simsons vierte übernatürliche Tat

»Und Simson sprach zu ihnen: Wenn ihr also tut, — es sei denn, daß ich mich an euch gerächt habe, danach will ich aufhören! Und er schlug sie, Schenkel samt Hüfte, und richtete eine große Niederlage unter ihnen an. Und er ging hinab und wohnte in der Kluft des Felsens Etam.«

Auch in dieser Tat, die Simson als Rache bezeichnet, erkennen wir vor allem die mächtige Hand Gottes. Er wacht über die Seinen, wer Seine Geliebten antastet, tastet Seinen Augapfel an. Die Niederlage, die Simson den Feinden des Volkes Gottes zufügte, geschah unter der vollen Zustimmung Gottes. Der Hinweis, Simson schlug sie, Schenkel und Hüfte, bedeutet, daß den Philistern ein schwerer Schlag zugefügt wurde. Niemand konnte sich zur Wehr setzen. Schenkel, ein Bild der Schnelligkeit, der Ausdauer, und Hüften, ein Bild der Kraft, waren geschlagen. Ein Mann zieht wider eine Feindesmacht und vernichtet sie!

Eigenartig ist Simsons Ausruf: »...danach will ich aufhören!« Mit diesem großen Sieg tritt tatsächlich eine Wende in seinem Kampf als Retter für Israel ein. Bis jetzt wehrte sich Simson wegen ihm zugefügten Unrechts. Nun muß der Gottgeweihte in auftretenden Gefahren bestehen. Zuerst begab er sich in die Kluft des Felsens Etam, wo Simson eine gewisse Zeit wohnte. Hier, wo Raubvögel horsten, denn Etam heißt »Ort der Raubvögel«, suchte der Enttäuschte Stille und Einsamkeit. Wo hätte er auch besser sein inneres Gleichgewicht finden können, als da, wo niemand ihn störte, wo er allein mit seinem Gott Zwiesprache halten konnte. Wohl allen, die in der Hetze unserer Tage noch Zeiten der Stille suchen und schätzen. Nur wer aus dem Heiligtum, aus Gottes Gegenwart kommt, kann im Vorhof, in der Welt gesegnete Dienste tun.

Simsons Stille

Unser Bericht sagt, daß Simson in Etam wohnte, das heißt: hier blieb er länger, und hier fühlte er sich zu Hause. Wer kann ihm den Wunsch nach Ruhe verdenken? Simsons Aufgabe war nicht leicht. Stets war er allein im Kampf mit den Feinden Gottes. Seine Ehe scheiterte; er mußte den Preis für die verlorene Wette zahlen; seine ehemalige Frau wurde von Simsons Feinden verbrannt; immer wieder kam es zu blutigen, kräfteraubenden Auseinandersetzungen mit den Philistern. Alles, was Simson zustieß, mußte er wie jeder Mensch verkraften. Trotz seiner heroischen Taten war er ein Mensch wie wir alle. Darum war für ihn die Erholung, die stille Einkehr unbedingt erforderlich. Hier konnte er Gott sein Herz ausschütten, denn die ganze Tiefe der Enttäuschung über das Versagen seines Volkes lag auf ihm. Warum waren seine Volksgenossen ihm nicht zur Hilfe geeilt? Warum hatten sie ihn allein kämpfen lassen? Offensichtlich hatten sie sich mit den ständigen Demütigungen des Feindes schon abgefunden. Sie empfanden nicht einmal mehr, was es heißt, Geknechtete zu sein. Welch eine Gelegenheit hatten sie verpaßt, als ihr

Richter die große Schar der Gegner besiegte! Die völlige Vertreibung der Philister wäre möglich gewesen. Doch man ließ den Retter allein, man beugte sich lieber weiter unter die Knute der Besatzung. Simsons Hoffnung, daß man seinem Beispiel folgen könnte, war gänzlich ausgelöscht. Er stand allein, völlig allein!

Wir möchten ihm zurufen: »Simson, verzage nicht! Genieße die Stille, fasse neuen Mut! Gott gibt die Aufträge, Er gibt auch die Kraft zur Durchführung. Schöpfe aus der reinen Quelle der Gemeinschaft mit Gott! Er will den Müden aufrichten, und dem Unvermögenden reicht Er Stärke dar! Blicke nicht auf die Umstände, sondern auf den Allmächtigen! Schaue nicht um dich oder in dich, sondern auf die Kraftquelle!

Wer im Einsatz für den Herrn stand, weiß um solches »Wohnen am Ort der Raubvögel«, um Enttäuschungen und um die Meinung, verlassen zu sein. Viele Beispiele gibt uns die Bibel von treuen Kämpfern, die diese Bitterkeit geschmeckt haben.

Nie allein!

Auch Elia, der Mann Gottes, stand am Horeb allein einer Nation von Götzendienern gegenüber. Im Glauben wagte dieser treue Knecht den entscheidenden Kampf und siegte durch die Hilfe seines Gottes. Mose sah eines Tages ebenso auf sich und sein Können, und er versagte. Dann wandte er sich zu Gott und klagte: »Ich allein vermag nicht dieses ganze Volk zu tragen, denn es ist mir zu schwer. Und wenn du also mit mir tust, so bringe mich doch um, wenn ich Gnade gefunden habe in deinen Augen, damit ich mein Unglück nicht ansehe.«

Mit solchen Beispielen könnten wir fortfahren. Wer den Blick für den Auftraggeber verliert, muß in menschliches Verzagtsein fallen. Wir sollten uns alle eine gute Regel fest einprägen: Der Blick auf mich und meine Umstände führt zur Verzweiflung; der Blick auf andere — auch auf die treuesten Mitgeschwister — bringt mich auf Dauer zur Mutlosigkeit, weil auch der andere die ständige Aufrichtung nötig hat; allein der Blick auf den Herrn erhält mich freudig, stark und zuversichtlich.

Einer hat nie versagt, denn Er stand in ständiger Gemeinschaft mit Seinem Vater. Obgleich der Herr tiefen Schmerz empfand, als Seine Jünger Ihn verließen und flohen, konnte Er getröstet sagen: »...doch ich bin nicht allein, der Vater ist bei mir.«

Von ihm, unserem geliebten Herrn Jesus, wollen wir lernen. Einsamkeit, Verlassenheit kann zu Verbitterung und Schwermut führen. Aber allen Alleinstehenden und Einsamen gilt jenes Rezept, das uns der Psalmist anpreist: »Sie blickten auf Ihn (den Herrn), und ihre Angesichter wurden erheitert.« An anderer Stelle in der Bibel steht: »Lasset uns hinschauen auf Jesus, den Anfänger und Vollender des Glaubens, der um der vor ihm liegenden Freude willen die Schande nicht achtete und das Kreuz erduldete.« Nie war ein Mensch so verlassen, wie unser Erlöser am Kreuz. Dort hing Er zwischen den Verbrechern, von Menschen verspottet und geläsert, von Gott geschlagen und gerichtet, am Schandpfahl! In dieser unvorstellbaren Einsamkeit erfüllte den Herrn Jesus Freude, und innere Glückseligkeit. Er sah nicht in erster Linie die Umstände, sein grenzenloses Leid, sondern vor Ihm stand die Verherrlichung des Vaters, die gerettete Menge Seiner Gemeinde, die Erlösung der ganzen Welt. Immer wieder brachte der Herr in Seinen Erdentagen zum Ausdruck, daß Er gekommen sei, den Willen des Vaters zu tun und ihn zu verherrlichen. Verherrlichen heißt: Vater, ich will Deine Heiligkeit, Deine Liebe, Deine göttliche Schönheit, Deine unwandelbare Wahrheit, Zuverlässigkeit, Größe und Majestät offenbaren; in meinem Tun und Lassen will ich den Menschen Dir zeigen. Und welche Gelegenheit nutzte der Herr zur Verwirklichung dieser Absicht? Ist es nicht ergreifend, wenn wir Ihm lauschen? »Jetzt ist meine Seele bestürzt, und was soll ich sagen? Vater, rette mich aus dieser Stunde! Doch darum bin ich in diese Stunde gekommen: Vater, verherrliche deinen Namen! Da kam eine Stimme aus dem Himmel: Ich habe ihn verherrlicht und werde ihn auch wiederum verherrlichen« (Joh. 12, 27-28).

Die Stunde war gekommen, daß der Herr den Weg zum Kreuz antrat. Vor Ihm stand das furchtbare Gericht über die Sünde der Welt, vollzogen in dem grausamen Kreuzestod. Doch alles, was Ihn selbst traf, ignorierte Er völlig. Nur Gottes Ehre sollte wiederhergestellt, Gott verherrlicht und durch das vollbrachte Werk der Erlösung gepriesen werden.

Einen ähnlichen Ausspruch finden wir im Zusammenhang mit dem traurigen Verrat durch Seinen Jünger Judas. Als dieser hinausging, um seine scheußliche Tat zu begehen, sprach Jesus: »Jetzt ist der Sohn des Menschen verherrlicht und Gott ist verherrlicht in ihm. Wenn Gott verherrlicht ist in ihm, so wird auch Gott ihn verherrlichen in sich selbst, und er wird ihn sogleich verherrlichen« (Joh. 13, 31-32).

Das Unbegreifliche liegt in der Tatsache, daß auch wir, die Erlösten zu dieser Verherrlichung des Vaters beitragen dürfen. Der Herr Jesus ermunterte die Seinen zum Gebet: »Und was ihr bitten werdet in meinem Namen, das werde ich tun, damit der Vater verherrlicht werde im Sohn« (Joh. 14, 13).

Mutmachende Worte ruft der Herr uns zu, wenn Er uns auf unsere große Aufgabe aufmerksam macht: »Wenn ihr in mir bleibt und meine Worte in euch bleiben, so werdet ihr bitten, was ihr wollt, und es wird euch gegeben. Hierin wird mein Vater verherrlicht, daß ihr viel Frucht bringt und meine Jünger werdet« (Joh. 15, 7-8).

Welch ein Vorrecht! Schwache, von Natur ängstliche Menschen dürfen in der Kraft des Auferstandenen ein Leben zur Verherrlichung Gottes des Vaters führen. Merken wir nun, wie alle Einsamkeit und Unzufriedenheit überwunden werden kann? Jemand schrieb die Verse:

Je weiter ich verschwinde,
Je größer wird der Herr.
Je wen'ger ich noch finde
In mir, je mehr tut Er.

Ich: arm an Kraft und Segen,
Schwach, töricht, mangelhaft;
Er: reich an Wunderwegen,
Voll Liebe und voll Kraft.
Drum richte mein Begehren,
Mein Gott mit Ernst dahin,
Daß Jesus kommt zu Ehren
Und nichts ich selbst mehr bin!

Simson macht eine schmerzliche Erfahrung

Die den Philistern durch Simson zugefügte schwere Niederlage blieb nicht ohne Nachwirkung. Die Feinde zogen in starken Gruppen aus, lagerten sich in Juda und breiteten sich aus in Lechi. Das Zurückgezogensein des Nasirs wurde so sehr plötzlich beendet. Auf die ängstliche Frage der Männer von Juda: »Warum seid ihr wider uns heraufgezogen?« kam die Antwort: »Um Simson zu binden,...daß wir ihm tun, wie er uns getan hat.«

Die Philister hatten immer noch nicht begriffen, daß der Gottgeweihte im Auftrag des Höchsten handelte. Sie waren völlig blind und erkannten noch nicht, daß Simsons Taten nur in der Kraft Gottes möglich waren. Wie tot, wie geistlich arm ist das Geschöpf, wenn Gott ihm seine Botschaften sendet! Bis heute hat sich das nicht geändert: Der sich intelligent und klug dünkende Mensch ist, wenn ihm das Evangelium, das große Angebot Gottes verkündigt wird, oft taub, blind und reaktionslos. Dabei mag man noch so viele Erfahrungen von der Existenz Gottes erlebt haben, alles ist vergessen, wenn es um die Entscheidung zur Erkenntnis Gottes und Seines Sohnes Jesus Christus geht.

In dem biblischen Bericht zogen auch jetzt wieder Toren gegen den Gott Israels. Ihre Niederlage war schon sicher. Ihr Weg bedeutete ein Rennen ins Geschoß, wie wir im Buch Hiob lesen. Die Bibel bezeichnet solche Menschen mit den Worten: »Die Narren sterben durch Mangel an Verstand« (Spr. 10,21). Und: »Wenn du den Narren mit der Keule im

Mörser zerstießest, mitten unter der Grütze, so würde seine Narrheit doch nicht von ihm weichen« (Spr. 27, 22).

Daß sein Volk noch Mangel an Erkenntnis hatte, war für den Mann Gottes eine sehr bittere Erfahrung. Hätten die Männer von Juda dem Feind nicht in großer Zuversicht entgegentreten können? Hatten sie die Rettung Gottes vergessen? War Simson in seinen Aktionen für sie nicht zum Zeichen der Barmherzigkeit Gottes, der sie aus ihrer Notlage befreien wollte, geworden?

Lächelnd hätten sie allen Drohungen der Philister begegnen können. Sie hätten sogar in voller Siegesgewißheit zusehen können, wie Simson mit den Feinden fertig wurde. Was aber geschah? Dreitausend Mann aus Juda zogen zum Felsen Etam, um den ihnen von Gott gesandten Retter gefangen zu nehmen. Wer kann sich die Enttäuschung Simsons vorstellen, als seine Brüder, seine Volksgenosen mit diesem Vorhaben zu ihm kamen?

Als die Judäer ihren Retter erblickten, riefen sie: »Weißt du nicht, daß die Philister über uns herrschen? und warum hast du uns das getan?... Um dich zu binden sind wir herabgekommen, daß wir dich in die Hand der Philister liefern«. Wie traurig! Die Männer aus Juda übernahmen die Aufgabe ihrer Feinde. Angst vor Vergeltung hatte sie veranlaßt, so zu handeln. Wo war ihr Gottvertrauen, wo das Vertrauen auf den vom Herrn als Retter gesandten Simson? Man hatte sich nicht nur mit der Besatzung abgefunden und jeden persönlichen Kampf eingestellt, sondern auch jegliches Hoffen auf Hilfe und Befreiung aufgegeben. Das führte bis hin zur Bereitschaft, ihren Feinden zu helfen, den Retter Israels unschädlich zu machen. Tiefer konnten die Männer von Juda nicht mehr absinken. Mit Vorwürfen traten sie Simson entgegen und machten ihn verantwortlich für ihre traurige Lage.

Ablehnung durch das eigene Volk

Der Kampf gegen die Welt und die Mächte der Finsternis kann sehr schwer werden. Wenn aber solche, die den Kampf aufgegeben haben, sich beim Feind einreihen und dem Gotteskämpfer in den Rücken fallen, ist das schon eine der schwersten Proben, die ein Knecht Jesu Christi erleben kann. Wer aber aus der Praxis kommt, weiß um Verräter an der eigenen Sache. Leider sind die Kinder Gottes oft keine einheitliche Mannschaft im Kampf gegen den Widersacher. Viele kämpfen und streiten für ihren eigenen Kreis. Streit um die richtige Erkenntnis, den rechten Platz und die biblischste Gemeinschaft machen blind für die große Aufgabe, die nur gemeinsam gelöst werden sollte. Es ist schmerzhaft für den, der sich um Zeugnis und Seelengewinnung müht, wenn aus den Reihen der Gläubigen Menschen auftreten, die den Arbeiter des Herrn und seine Mühe mit üblem Nachreden bedenken oder mithelfen, daß seine Aufgabe scheitert. Diese traurigen Wahrheiten müssen später einmal vor dem Richterstuhl des Christus geordnet und gewertet werden.

Keiner hat die Ablehnung durch Sein eigenes Volk tiefer erleben müssen als unser hochgelobter Herr. Ihn band man wirklich. Er wehrte sich nicht wie Simson, der seine Stricke zerriß, sondern Er ließ sich von den Seinen gefangennehmen und den Händen der Welt ausliefern. Die Juden wollten Ihn nicht selbst töten, darum beschuldigten sie ihren Retter und Heiland vor der weltlichen Obrigkeit. Ein Lügennetz wurde geknüpft, um den Erlöser, ihren Messias los zu werden. Wie muß das Herz des Herrn geblutet haben angesichts dieses Undanks, dieses Unglaubens und dieser Verfinsterung! Der Herr Jesus hätte Seine Stricke zerreißen können. Er konnte mehr als zwölf Legionen Engel rufen, um die verblendeten Horden zu vernichten, doch Er war gekommen, um den Willen seines Vater zu tun. Deshalb ertrug Er still, daß man Ihn schlug, anspie, geißelte, mit Dornen krönte und schließlich ans Marterholz nagelte. Welch eine anbetungswürde Liebe!

Steht Er so vor uns, gibt es keinen Rückzug, kein empfindliches Beleidigtsein. Dann schätzen wir uns glücklich, um Jesus willen ein wenig Verachtung auf uns nehmen zu dürfen. Unsere Natur weicht dem aus; sie sucht nicht das Leiden für unseren Herrn. Doch wenn der uns motiviert, der gescholten nicht wiederschalt und leidend nicht drohte, prallen alle Versuche des Feindes ab, uns unbrauchbar zu machen.

Simsons eigenartige Vorsicht

Als Simson seinen Volksgenossen entgegentrat, offenbarte er eine besondere Vorsicht. Er sagte zu den Männern von Juda: »Schwöret mir, daß ihr nicht über mich herfallet. Und sie sprachen zu ihm: Nein, sondern binden wollen wir dich und dich in ihre Hand liefern; aber töten wollen wir dich nicht.«

War der Richter in Israel unsicher geworden? Bei diesem ungewöhnlichen Vorfall, vom eigenen Volk verraten und ausgeliefert zu werden, konnte sich schon Mutlosigkeit ausbreiten. Der Blick auf den, der ihn berufen hatte, mußte den Nasir Gottes eigentlich zuversichtlich stimmen. Oder war die Verbindung zum Herrn gelockert? Sah Simson auf die ständige Gefahr statt auf den Allmächtigen, der ihn schon wiederholt mit überirdischer Kraft ausgerüstet hatte? Oder war der Bote Gottes total verunsichert durch das Ansinnen der verblendeten Volksmenge? Wie sollte er sich ihnen gegenüber verhalten? Durfte er die Kraft Gottes gegen sein eigenes Volk einsetzen? Konnte er gegen Israeliten kämpfen? Diese Fragen zeigen, wie notwendig der ständige Kontakt zum Herrn ist.

Von Simson lesen wir nur zweimal, daß er sich im Gebet an den Herrn wandte. Jetzt aber sicherte er sich menschlich ab und ließ die Männer von Juda schwören, nicht über ihn herzufallen. Auch das kann ein Hinweis auf Simsons große Niedergeschlagenheit sein.

Dann geschah das Unvorstellbare, das völlig Unnormale: »Und sie banden ihn mit zwei neuen Stricken und führten ihn aus dem Felsen herauf.«

Ein erschütterndes Bild! Simson war ein von seinen eigenen Volksgenossen gebundener Mann! Wohin kann Feigheit und Menschenfurcht führen! Aus Angst vor den Philistern, aus Furcht vor einer Auseinandersetzung, nahm man Stellung gegen den, der von Gott zur Rettung berufen worden war! Deutlicher kann der Tiefstand eines Volkes nicht herausgestellt werden.

So ist der Mensch! Wenn unsere Natur das Sagen hat, sind solche Reaktionen möglich, aber die Kraft des Herrn ist immer da. Er möchte unsere Handlungen regieren und alle Bereiche unseres Lebens besetzen, um vor aller Welt sichtbar werden zu lassen: »Die auf den Herrn harren, gewinnen neue Kraft, sie laufen und ermüden nicht; sie gehen und ermatten nicht.«

Sieg haben wir nur bei einem geisterfüllten Leben. Um uns das schenken zu können, kam der Herr in diese Welt und legte am Kreuz die Grundlage hierfür: »Ich bin gekommen, auf daß sie Leben haben und es im Überfluß besitzen« (Joh. 10, 10). In Johannes 7 ruft der Herr Jesus: »Wenn jemand dürstet so komme er zu mir und trinke. Wer an mich glaubt, aus dessen Leibe werden, wie die Schrift sagt, Ströme lebendigen Wassers fließen. Dies aber sagte er von dem Geist, den die empfangen sollten, die an ihn glaubten.«

Die Welt, die Sünde bindet. Vielleicht sind es neue Stricke, etwas, das unsere Natur besonders bejaht und wonach sie sich sehnt, etwas, das man auch kennenlernen möchte. Hier ist höchste Vorsicht geboten, denn jede Sünde unterbindet die Wirkung des Geistes und beendet die Freude im Heiligen Geist. Simson wurde von seinen Volksgenossen gebunden. Auch Kinder Gottes können zur Gefahr werden. Die »neuen Stricke« umgarnen schnell. Kommen solche Angebote mit verlockenden Hinweisen auf neue Vergnügungen und Zerstreuungen, wollen wir uns vom Geist warnen und vom Wort Gottes belehren lassen. Nicht immer gelingt es uns, so schnell wie Simson die Stricke zu zerreißen. Sind wir aber gebunden, wird ein Lösen der Stricke sehr schwer werden. Jeder Fall des Christen ist mit Verlust für den inneren Menschen verbunden.

Simson zerreißt die Bande

»Als Simson nach Lechi kam, da jauchzten die Philister ihm entgegen; aber der Geist des Herrn geriet über ihn, und die Stricke, welche an seinen Armen waren, wurden wie Flachsfäden, die vom Feuer versengt sind, und seine Bande schmolzen weg von seinen Händen.«

Hier könnte man das Sprichwort zitieren: »Wer zuletzt lacht, lacht am besten!« Die Philister jauchzten zu früh. Sie hatten aus allen bisherigen Ereignissen nichts gelernt. Auch jetzt wurde ihre geistliche Blindheit sichtbar. Wie naiv reagierten sie. Sie meinten tatsächlich, die Kraft Gottes binden zu können. Im Augenblick ihres Triumphgeschreis kam der Geist Gottes über den Retter Israels. Die armseligen Bande von Menschen fielen problemlos ab. Es gefällt dem Geist Gottes, in einer bilderreichen Sprache die Nutzlosigkeit der neuen Stricke zu beschreiben: Die Stricke wurden wie Flachsfäden; sie wurden so wenig widerstandsfähig, wie vom Feuer versengt, ...die Bande schmolzen weg.

Mit diesen Hinweisen wird nun die Armseligkeit aller menschlichen Versuche, gegen Gott anzutreten, deutlich gemacht. Mit dem Herrn sind wir immer in der Überzahl. Ist der große Gott mit uns, ist Er für uns, mag sich getrost die ganze Welt gegen uns stellen, sie wird kläglich scheitern. Gerade in dem Schwachen ist die Kraft des Herrn mächtig. Simson gehört mit zu denen, die in Hebräer 11 mit dem Hinweis ausgezeichnet werden: »Die in der Schwachheit Kraft gewannen!« Wie gesegnet und zeugnishaft wäre unser Leben, wenn wir uns dieser Tatsache stets bewußt wären. Für unseren Herrn gibt es keine Hindernisse. Wenn für Menschen alles verbaut scheint, wenn wir keinen Durchblick mehr wahrnehmen, ist die Stunde Gottes gekommen; dann erweist Er sich mächtig. Wir brauchen das kindliche Vertrauen, die Überzeugung, daß der Herr, der mir die Aufgabe zugeteilt hat, auch für die Durchführung verantwortlich ist. Der Glaube sieht nicht die Schwierigkeiten, er schwingt sich kühn über alles Sichtbare hinweg und blickt auf den, der alle Fäden der Weltgeschichte in Seiner mächtigen Hand hält.

Ihn kann auch Unverständnis, Kleinglaube oder menschliche Schwachheit der Gotteskinder nicht behindern, die versuchen, Knechte Gottes mit neuen Stricken zu binden. Solche Absichten scheitern kläglich, wie wir das bei Simson erleben.

Siehe, der Mensch!

Dieses Wort rief Pilatus den Juden zu, als er den Herrn Jesus nach der barbarischen Geißelung im Purpurkleid und mit einer Dornenkrone dem Volk vorführen ließ. Was hatte der Reine und Heilige schon alles durchstehen müssen! Pilatus hoffte auf Einsicht und Mitleid der Ankläger. Doch das Gegenteil geschah: die verblendeten Menschen verstiegen sich zu entsetzlichen Lästerungen.

Das Wort, »Siehe der Mensch!« kann verschieden gedeutet werden. Eimal weist es auf den hin, der als der Sünd- und Fleckenlose ein Bild des Menschen nach den Gedanken Gottes ist, das Ebenbild Gottes, wie es aus der Hand Gottes hervorgegangen war. Seht den einzig wahren Menschen, der allein Gottes wahre Herrlichkeit verkörpert! Alle anderen haben diese Menschenwürde verloren. Sie sind ein Zerrbild der ursprünglichen Schöpfung, von der Sünde verunstaltet. Hier aber steht der Eine, wie man ihn auch zugerichtet hat, als das Bild des ewigen Gottes. In dem Mann mit der Dornenkrone und dem Purpurmantel sehen wir aber auch den, der sich mit den entthronten und tief gefallenen Menschen einsmachte. Durch Sein Erlösungswerk will der Geschändete Sein Geschöpf mit dem heiligen Gott aussöhnen und ihn wieder zum wahren Menschen erheben.

Siehe der Mensch! Nie ist er wahrhaftiger in seinem gefallenen Zustand dargestellt worden, wie im Hof des Landpflegers. Dort stand der Herr Jesus als Stellvertreter der Menschen. In ganzer Tiefe zeigte Er, was der Mensch durch den Sündenfall verloren hatte: Jesus trug den Purpurmantel als ein Bild der verlorenen Königswürde, und die Dornenkrone auf seinem Haupt war ein Zeichen des Fluchs, der auf der Schöpfung ruht. Siehe der Mensch! Unser geliebter Herr machte sich in allem eins mit uns.

Er machte sich zu nichts und nahm Knechtsgestalt an. Er ließ sich binden, schlagen und anspeisen. Beim Hohngelächter Seines Volkes fielen die Stricke nicht ab wie bei Simson. Seine Liebe zu uns band Ihn an Seinen Auftrag, an die große Erlösung, ja sie band Ihn an das Schandholz. Ein Wort von Ihm hätte alle Bande gelöst; durch einen Wink von Ihm wären alle Seine Feinde in Nacht und Grauen versunken. Doch Er, der wahre Retter, verzichtete auf jede Hilfe, um durch die Hände Seiner Feinde zu sterben.

Siehe, der Mensch! Wie hat er sich an seinem Gott vergriffen! Sein Hosianna wurde schnell zu einem Kreuzige, Kreuzige Ihn!

Wie die Philister in Lechi in ein Freudengeschrei ausbrachen, so jubelte am Karfreitag die Menschheit. Endlich war der lästige Mahner beseitigt und am Kreuz gestorben. Doch das Freudengeschrei verwandelte sich in ein plötzliches Entsetzen, als Simson die Fesseln abstreifte und den Esels-Kinnbacken ergriff. So wurden auch die Feinde des Herrn am Ostermorgen aus ihrem Freudentaumel aufgeweckt und mit Angst und Schrecken erfüllt. Aber bei Seiner Wiederkehr wird eine Panik ausbrechen, die nicht zu beschreiben ist. Die Menschen werden den Tod suchen, aber der flieht vor ihnen. Sie werden rufen: Ihr Berge fallet auf uns, und: ihr Hügel bedecket uns vor dem, der auf dem Gerichtsthron sitzt.

Simsons Sieg in Lechi

Wie jäh Freude und Jauchzen der Philister verstummten, sagen uns die Verse: »Und Simson fand einen frischen Esels-Kinnbacken, und er streckte seine Hand aus und nahm ihn und erschlug damit tausend Mann. »Und Simson sprach: Mit dem Esels-Kinnbacken einen Haufen, zwei Haufen! Mit dem Esels-Kinnbacken habe ich tausend Mann erschlagen... und er warf den Kinnbacken aus seiner Hand und nannte den Ort: Kinnbacken-Höhe.«

Wieder erstaunt uns eine unfaßbare Glaubenstat dieses

Mannes. In der Kraft Gottes fielen nicht nur die Fesseln, sondern mit einem Kinnknochen erschlug Simson tausend bewaffnete Philister. Ein Mann, mit dem Geist Gottes erfüllt, schlägt ein ganzes Heer in die Flucht. Wir lesen oft so flüchtig über solche Begebenheiten hinweg, ohne weiter darüber nachzusinnen. Viele Wunder nehmen wir als selbstverständlich hin. Haben wir aber Zeit und Muße, um betend in der Stille die Taten Gottes auf uns wirken zu lassen, kommen wir spontan zu dem Ausruf: »Herr, mein Gott, wie groß bist du!« Von einem starken Glücksgefühl werden wir beherrscht, wenn wir uns erinnern, daß unser Gott sich nie ändern kann und dem antwortet, der Ihm vertraut. Sollte der, der sich einst einem verzagten, dem Zauber seiner Nachbarvölker verfallenen Volk Rettung sandte, sich heute seiner Kinder nicht annehmen und erbarmen? Er ist ein Gott, der große Wunder tut! Immer wird Er dem Glaubenden antworten. Auch heute ist sein Ziel, sich in unserer Mitte zu verherrlichen. Ein Christ, der sein Leben mit dem Herrn überdenkt, schaut Wunder über Wunder, die der gütige Gott an ihm und durch ihn getan hat. Darum wollen wir uns gegenseitig ermuntern und ermutigen: wage Großes mit deinem Gott, wage Großes für deinen Gott! »Mache weit den Raum deines Zeltes, und man spanne aus die Behänge deiner Wohnstätte; wehre nicht! Mache deine Seile lang, und deine Pflöcke stecken fest! Denn du wirst dich ausbreiten zur Rechten und zur Linken« (Jes. 54, 2-3).

Wir wollen nie ängstlich sein, wenn es um das Zeugnis Gottes geht, nie genügsam, wenn es sich um Gottes Ehre handelt! Wage alles mit Ihm und hänge dich in kindlichem Vertrauen an Seine starke Hand. Dann wirst du feststellen: Wunder über Wunder läßt du, mein Herr, mich erleben!

Die Stricke müssen fallen

Doch beachten wir, daß zuerst die Stricke fallen müssen. Ein in Leidenschaften und Schwachheiten gebundener Christ kann die Größe Gottes nicht schauen. Erst als Simson frei war, konnte er eine Waffe ergreifen, die seinen Gott ehrte. Er mußte nicht lange suchen, sondern ergriff, was Gott ihm in den Weg legte.

Deshalb, lieber Mitstreiter, suche nicht nach Ausrüstungen, die nicht für dich bestimmt sind. Blicke nicht auf andere, die der Herr in einer Weise gebraucht, die dir nicht liegt. Nimm die Waffe, die vor dir liegt, und versuche nie, die Art anderer nachzuvollziehen oder dich ihr anzupassen. Nichts raubt Gott mehr die Ehre, als der Versuch, andere Arbeiter im Reich Gottes zu imitieren. Gott benutzt Orginale, Menschen, die Er befähigt, ausrüstet und segnet.

Was haben die Männer von Juda wohl gedacht, als Simson den Knochen des Esels ergriff? Sie konnten sich nicht zu der Glaubenshöhe aufschwingen, die zu solchen Taten anleitet. Wir sehen keine Reaktion bei ihnen. Wir wissen nicht einmal, ob sie innerlich den Kampf bejaht haben. Sicher hätte Gottes Geist das anerkennend erwähnt. Kein Echo, als ihr Retter den Kampf aufnimmt! Keine Bereitschaft, in den Kampf um ihre Befreiung einzugreifen! Ob Simson diese Gleichgültigkeit nicht schmerzhaft empfunden hat? Die Männer von Juda schauten ängstlich zu. Sie rechneten allenfalls, daß ein Schwertstreich oder ein Pfeil diesen Waghalsigen, der mit einem Eselsknochen gegen ein ausgerüstetes Heer kämpfte, treffen müßte.

Wer in den vordersten Linien gekämpft hat, weiß um die Kritik der Zuschauer. Selbst haben diese heute nie einen Stein aufs Gerüst getragen, aber sie haben diskutiert und solche mitleidig verbessert, die nach ihrer Meinung einen Stein falsch auf der Schulter tragen.

Simson hat niemanden verächtlich behandelt, er ist nicht in Diskussionen eingetreten, sondern hat gekämpft und gestritten bis zum Sieg und zur völligen Erschöpfung. Der Gottgeweihte ließ sich durch niemanden irgendwie beirren. Er tat seine Pflicht und überließ alles andere dem Urteil seines Gottes.

»Das Evangelium ist Gottes Kraft«, schreibt Paulus. Das Wort Gottes ist die Waffe, die uns zur Verfügung steht. Unsere Ausrüstung liegt vor uns. Wir wollen das Schwert des Geistes benutzen, und der Sieg ist sicher. Simson rief: »Mit einem Eselskinnbacken habe ich tausend Mann erschlagen!« Mit der in den Augen der Philister so verächtlichen Waffe hat er sie in der Kraft Gottes vernichtet.

Unsere Waffenrüstung ist in den Augen der Welt nicht geachtet. Das Wort vom Kreuz ist denen, die verloren gehen, eine Torheit! Es ist den Juden ein Ärgernis und den Nationen eine Torheit. Aber gerade diese so verachtete Waffe hat die Welt in stärkste Bedrängnis gebracht. Eine Niederlage nach der anderen hat sie einstecken müssen. Das Wort unseres Erlösers vollführt seinen Siegeszug weiter. Niemand ist imstande, Seinen Triumph zu unterbrechen. Die Boten des Herrn legen nicht eher diese Waffe zur Seite, bis nicht die Vollzahl errettet ist und unser Herr wiederkommt.

Wenn doch in jener glückseligen Stunde alle mit Simson ausrufen möchten: »Mit dem Kinnbacken einen Haufen, zwei Haufen!«

Herr, ich möchte brauchbarer werden

Wird der Wunsch nicht in jedem redlichen Herzen wach, treuer, hingebender, abhängiger und geisterfüllter im Dienst für den Herrn zu stehen, wenn er solche Glaubenstaten liest? Wenn Gott für uns ist, wer kann wider uns sein? Elisa, der Prophet des Herrn, wurde in den Tagen Jorams vom König der Syrer verfolgt. Dessen ganzes Heer zog aus, um den Boten Gottes gefangenzunehmen. In der Nacht hatten die Syrer die Stadt Dothan, wo Elisa wohnte, umzingelt. Als der Diener Elisas am Morgen hinaustrat, sah er feindliche Soldaten, Rosse und Wagen. Ängstlich eilte er zu seinem Herrn und rief: »Ach, mein Herr! was sollen wir tun?« Elisa geht nicht einmal vor die Tür, um sich das Heer anzuschauen. In seinem Gott ruhend antwortet er dem Aufgeregten: »Fürchte dich nicht, denn mehr sind derer, die bei uns sind, als derer, die bei ihnen sind.«

Wie konnte Elisa so etwas behaupten? Der herrliche Glaube, das völlige Vertrauen machen ein banges kleines Menschenherz so stille. Elisa wußte: »Gott ist für uns, wir sind immer, mag kommen, was da will, in der Überzahl. Sollte Er zur Nachfolge und zum Dienst berufen, um seinen Knecht in die Hand der Feinde fallen zu lassen? Wo blieben dann die unbereubaren Zusagen, wo die Echtheit Seines Wortes? Elisa blieb nicht nur von Gott ringsum eingezäunt und beschützt, sondern Gott benutzte auch hier — wie bei Simson — einen Mann, Seinen Propheten, um das ganze Heer der Syrer zu fangen. So groß ist unser Gott! Er ist gestern und auch heute derselbe. Ist mein Glaubensauge geöffnet, schaue ich Ihn, und das prägt mich! Worauf blicke ich in den Schwierigkeiten des Alltags? Sehe ich nur die Umstände? Dann muß die ängstliche Natur zurückweichen. Weiß ich aber hinter allem Geschehen um die ordnende Hand meines Herrn, singt der Glaube: »Ich ruh' in deiner Liebe, so selig und so frei, und wenn mir nichts mehr bliebe, dein Vaterherz bleibt treu!«

Elisa, der Prophet Gottes, will uns zu der rechten Einstellung verhelfen. Er betete für seinen ängstlichen Diener: »Herr, öffne ihm doch die Augen!« Und der Knecht sah! Er sah nicht mehr das starke Heer der Syrer, sondern die feurigen Rosse und Wagen, die zum Schutz Elisas die Stadt und das feindliche Heer eingekreist hatten. Wunderbar! Der rechte Blick kann eine Situation völlig verändern.

In dieser Kraft, handelte auch Elia. Er sah nicht die wider ihn aufgezogene Masse der Götzendiener, sondern seinen Gott, in dessen Kraft er 450 Baalspriester tötete.

Abraham zog mit seinen wenigen Knechten in den Kampf gegen fünf Könige Kanaans mit ihren Heeren. Hätte er auf die feindlichen Soldaten geachtet, wäre ihm der Mut schnell vergangen. Diese und andere Glaubensmänner waren keine Übermenschen, sondern sie gewannen Kraft im Blick auf den, der mächtige Taten tut.

Simsons Einkehr und Gebet

Plötzlich scheint Simson von einer eigenartigen Schwäche angefochten zu sein. Gewiß lag ein schwerer Kampf hinter ihm. Mit einem Eselskinnbacken tausend Feinde unschädlich zu machen, war anstrengende Arbeit, dabei konnten schon die Kräfte schwinden. Wir lesen, was wir bei allen früheren Auseinandersetzungen nicht finden: »Und es dürstete ihn sehr und Simson rief zu dem Herrn..« Es war richtig, daß Simson sich an den, der allein Hilfe schaffen konnte, wandte. Seine Einstellung nach der Schlacht war nicht gut gewesen. Mit gewisser Selbstsicherheit rief der Nasir aus: »Mit einem Eselskinnbacken habe ich tausend Mann erschlagen!« War er der Sieger, oder sein Gott? Doch der Herr ist treu: Er überhört Entgleisungen Seiner Knechte nicht, sondern leitet die Korrektur ein. Armer Simson! wo wärst du hingekommen, wenn Gott dir diesen Sieg nicht geschenkt hätte!

Die Treue Gottes führte den ermüdeten Krieger in die Stille. Der Nachhilfeunterricht in der Schule Gottes erreichte sein Ziel. »Gott widersteht den Hochmütigen, den Demütigen aber gibt er Gnade.«

Wohl allen, die beten können! Die Gegenwart Gottes rückt unser Leben ins rechte Licht. Hier wurde sich Simson seiner ganzen Ohnmacht bewußt. Was wäre aus ihm geworden, wenn Gott sich nicht eingeschaltet hätte. Nun half Er Seinem Knecht, der im Gebet seine Hilflosigkeit bekannte. Diese innere Einkehr führte Simson zu neuer Kraft, zu neuer Hingabe und Kampfentschlossenheit. Unser Text zeigt das in dem nachfolgenden Vers auf: »Und Simson richtete Israel in den Tagen der Philister zwanzig Jahre.« Der Kampf ging weiter, aber er war nach wie vor mit den größten Gefahren verbunden.

Die Quelle des Rufenden

Gott versteht es, Seine Knechte einzuengen, wenn innere Besinnung, ein Umdenken nötig ist. Simson lag erschöpft am

Boden. Der schwere Kampf hatte seine Reserven an Kraft und Energie aufgezehrt. Simson fürchtete, die nächste Wasserquelle nicht mehr erreichen zu können. Das Schreckgespenst, in die Hände seiner Feinde zu fallen, gab ihm die rechte Blickrichtung. Er tat, was Tausende vor ihm und Abertausende nach ihm getan haben: Er suchte Hilfe bei seinem Gott. Die Wende in Simsons Denken über den Sieg wurde in dem Gebet des Gottesgeweihten hörbar: »Er rief: Du hast durch die Hand deines Knechtes diese große Rettung gegeben!« Der Blick wurde wieder klar. Gott, der Mächtige, hatte Seinen Knecht als Werkzeug benutzt. Alle Ehre und aller Ruhm kamen Ihm zu. Simson hatte gelernt, und seine Demut vor Gott, machte den Weg zu neuen Segnungen frei. Sein Gebet konnte nicht unbeantwortet bleiben.

Für uns ist dieser Hinweis wichtig. Haben wir keine Gebetserhörungen, ist die Leitung zu Gott unterbrochen. Wir sollten dann in die Stille gehen, unsere Stellung zum Herrn überprüfen und bekennen, wo wir gefehlt haben. Der Vater neigt sich so gern zu Seinen Kindern, doch Er muß sie gehen lassen, wenn sie meinen, ohne Seine Hilfe auskommen zu können. Ein Sprichwort sagt: »Not lehrt beten!« Not hilft aber auch, im Licht Gottes unsere Fehler aufzudecken. Wenn unser Gebet Gottes Ohr erreichen soll, muß vorher alles weggetan sein, was nicht in Seine heilige Gegenwart paßt.

Die Antwort Gottes an Simson lautete: »Und Gott spaltete die Höhlung, die zu Lechi ist, und es kam Wasser aus ihr hervor; und Simson trank, und sein Geist kehrte zurück, und er lebte wieder auf.«

Der brennende Durst, die völlige Erschlaffung gereichten dem Kämpfer zur inneren Genesung und Belebung. »Sein Geist kehrte zurück; er lebte wieder auf!« Diese Hinweise bestätigen die innere und äußere Wiederherstellung Simsons.

Ach, wer kennt diese geistlichen Nöte nicht! Der brennende Durst der Seele kann nur an der »Quelle des Rufenden« gestillt werden. Lechzen wir noch nach dieser Quelle? Wenn nicht, wollen wir schreien: »Herr, gib mir diesen Durst, dieses Verlangen nach dem Wasser des Lebens, nach der Quelle des Heils, des Friedens, der Freude und der Glückseligkeit!«

Gott antwortet dem Rufenden mit innere Freude. Wie lange Simson rief, ist nicht zu erkennen. Doch die Worte »da spaltete Gott die Höhlung... und es kam Wasser« bestätigen, wie bewegt Gott auf Gebete antwortet, wenn sie mit Seinen Gedanken, mit Seinem heiligen Willen in Übereinstimmung stehen. Bei Simson war das der Fall. Wenn Gott ihn in die Hände der Philister hätte fallen lassen wollen, wäre Er ihm nicht beigestanden zu diesem glanzvollen Sieg. Der Herr hatte weitere Aufgaben für Seinen Knecht. Ihm ging es aber zuerst um eine innere Einkehr seines Boten; diese erreichte Er durch den Durst Simsons.

Gott steht zu Seinem Wort: »Rufe mich an in deiner Not, ich will dich retten und du sollst mich preisen.« In der Wüste spaltete Er einen Felsen, damit Israel seinen Durst löschen konnte. Jener geschlagene Fels ist ein Bild von Jesus Christus, dem Spender des Lebenswassers. Er wartet auf dürstende und verschmachtende Seelen. Hier ist Vorrat an Wasser, hier ist die Fülle für jeden, der die Leere der Seele spürt. Umsonst darf der Sünder sich niederlassen und an der Quelle des Lebens trinken bis zur Sättigung. Brennt deine Sündennot, bringt sie dich zum Erliegen, dann ist es höchste Zeit! Komm! Knie nieder und rufe, wie Simson es getan hat. Gott antwortet dir. Er öffnet deine Augen, daß du den gespaltenen Felsen sehen kannst. Dort ist der Ort, wo jeder ablegen und sein Schuldkonto erleichtern darf. Das kostet nichts außer den inneren Zerbruch, das Aufgeben deines Sündenlebens in der Erneuerung, die unter dem Kreuz geschieht.

»Wen dürstet, der komme und trinke sich satt!« singt ein Dichter und weist auf den hin, in dem allein Heil und Leben zu finden ist:

> »Das Wasser des Lebens, das ist diese Flut,
> durch Jesum ergießet sie sich,
> Sein kostbares, teures und heiliges Blut,
> o Sünder, vergoß Er für dich!«

Dankbar unterstreichen wir, daß die »Quelle des Rufenden« geblieben ist bis auf diesen Tag! Täglich eilen Dürstende dorthin; täglich finden Menschen Vergebung ihrer Schuld, indem sie trinken, bis ihr Geist neu belebt wird, indem sie aus dem Tod in das Leben übergegangen sind.

Wer will den Segen ermessen, der von dieser Quelle ausgeströmt ist? Wie mancher müde Gotteskämpfer hat hier Aufrichtung und neue Stärkung gefunden! Viele Kranke, seelisch und körperlich Geschundene sind an diesem Quellenort zu neuen Taten aufgebrochen! Darum wohl allen, die beten, die schreien gelernt haben, wohl allen, die diese Quelle kennen und täglich dort trinken! O »Quelle des Rufers«, wenn wir dich nicht gefunden hätten, wie leer, arm und sinnlos wäre unser Leben geblieben!

Die Quelle erinnert an einen Höheren als Simson. Sein Durst war unendlich größer, als Er am Kreuz rief: »Mich dürstet!« Es war Jesus Christus, unser herrlicher Heiland! Sein Rufen steigerte sich bis zu einem entsetzlichen Schrei: »Mein Gott, mein Gott, warum hast du mich verlassen, bist fern von mir, den Worten meines Gestöhns? Mein Gott! ich rufe des Tages und du antwortest nicht; und des Nachts und mir wird keine Ruhe« (Psalm 22, 1-2). Dieses Wort, das David einst niederschrieb, erfüllte sich auf Golgatha, als die Wogen und Wellen des göttlichen Gerichts über den Schuldlosen hinweggingen.

Simson erhielt Antwort. Gott spaltete die Höhlung, und der Gottesmann trank und trank, bis sein Geist wieder auflebte. Unser Herr aber wurde von einem Soldaten wie zum Hohn mit Essig getränkt. Keine mitleidsvolle Seele netzte Seine heiligen Lippen, die nur das Lob Gottes verkündet hatten, mit einem Tropfen Wasser. Dieses mußte sich vollziehen, damit wir heimkehren, zu Gott umkehren konnten, damit wir an der Lebensquelle durch das Trinken des Lebenswassers gesunden konnten.

Das Dürsten des Herrn Jesus, Sein Verlangen nach einem Schluck Wasser, hat einen tiefen, geistlichen Sinn. In Seinem Ausruf liegt ein heißes Sehnen nach Gott und der gefallenen Menschheit. Sein starkes Verlangen war die Durchführung des Erlösungsplans Gottes. Ihn zu verherrlichen und uns zu erlösen, war das nicht zu bremsende Drängen Seines Herzens.

Für unseren Herrn ist es die größte Erquickung, wenn Sünder Vertrauen fassen und Ihm bekennen: »Ich habe dich verstanden, Herr, deine Seele dürstete nach mir, nach meinem Heil und meinem Glück.« Ach, wenn wir es doch begreifen wollten: der zu der Samariterin am Jakobsbrunnen sagte: »Gib mir zu trinken«, wendet sich noch immer an jeden Menschen mit dieser Bitte. Es dürstet Ihn nach unserer Gemeinschaft: »Gib mir! Gib mir dein Herz! Ich fülle es mit meinem tiefen Gottesfrieden, mit Freude und Glückseligkeit!«

Auch allen Erlösten gilt dieses Wort: »Gib mir, denn mich dürstet! Reiche mir die Erquickung deiner Hingabe, Treue und Dankbarkeit!« Der Herr sehnt sich nach unserer Liebe. Stille doch Sein Verlangen als Dank für Sein Ringen und Sterben!

> Ewig soll er mir vor Augen stehen,
> Wie er als ein stilles Lamm,
> Dort so blutig und so bleich zu sehen,
> Hängend an des Kreuzesstamm.
> Wie er dürstend rang um meine Seele,
> Daß ich ihm zu seinem Lohn nicht fehle,
> Und dann auch an mich gedacht,
> Als er rief: Es ist vollbracht!

Richter 16
Simsons Weg in sinnliche Verstrickung

Ohne Trug sind die Aussprüche Gottes! Dieses dunkle Kapitel eines Richters in Israel hätten wir bestimmt verschwiegen. Doch Gott läßt das Lebensbild Seiner Knechte aufzeichnen, so wie diese sind mit ihren Schwächen und Stärken, ihren Siegen und Niederlagen. Diese Art göttlicher Berichterstattung zeugt auch von der Echtheit Seines Wortes.

Die vor uns stehenden Aussagen werden mit dem verhängnisvollen Weg Simsons nach Gasa eingeleitet, und sie enden mit dem Tod dieses Mannes. Wir staunen, wozu auch ein Gottgeweihter fähig ist, wenn er nur einen Augenblick die Kraftquelle aus dem Blickfeld verliert. Wir wollen die letzten Ereignisse im Leben Simsons betrachten.

Die traurige Geschichte beginnt mit den Worten: »Und Simson ging nach Gasa, und er sah daselbst eine Hure und ging zu ihr ein.« Warum der Nasir Gottes diesen Gang in eine der fünf Hauptstädte der Philister wählte, wird nicht angedeutet. Hatte er einen Auftrag zu erledigen? Wollte er zeigen, wer der rechtmäßige Eigentümer der Stadt Gasa war? Auch sie wurde ursprünglich Juda zugerechnet (Josua 15, 47), aber in späteren Kriegen ist sie von den Philistern erobert worden. In diese Stadt ging Simson vielleicht mit der Absicht, Ansprüche des rechmäßigen Eigentümers anzumelden. Denn Gott hatte diese Stadt zum Gebiet Seines Volkes Israel bestimmt. In etwa erinnert Simsons Gang an die Anfänge seines Wirkens. Auch damals fanden wir ihn in einer Stadt, die Israel geraubt worden war. Doch ein bedeutsamer Unterschied zwischen dem Beginn von Simsons Tätigkeit und seinem jetzigen Gang nach Gasa liegt in dem damaligen Hinweis: »Und der Geist des Herrn fing an ihn zu treiben... zwischen Zorha und Eschtaol.« Dieses Treiben des Geistes fehlte bei seinem verhängnisvollen Weg nach Gasa. War es ein eigener Entschluß? Hatte er die Gemeinschaft mit seinem Gott verloren? Wir wissen es nicht, und wo Gott zu einer Sache schweigt, wollen wir kein Urteil abgeben oder gar jemanden vorschnell verurteilen. Wir dürfen auch die alten Zustände und Verhältnisse nicht in unsere Zeit der Gnade übertragen, denn der Heilige Geist wohnte nicht in den Gottesmännern damals. Wie müßte unser Urteil über Abraham, Jakob, David, Salomo und andere lauten, wenn wir die für uns verbindliche Einehe zum Maßstab nähmen? Gott will auch nicht die Fehler Seiner Knechte bloßlegen, sondern uns staunen lassen, mit welch schwachen Gestalten Er sein Reich baut. Wer die Verderbtheit seiner sündigen Natur erkannt hat, legt schnell seine Hand auf seinen Mund. Er weiß aus Erfahrung, wozu der Mensch und wozu auch ein Kind Gottes fähig ist.

Beim Lesen des Textes der Bibel muß uns auffallen, daß Gott die fleischlichen Schwächen Seines Dieners überhaupt nicht kommentiert. Er zeigt nur die Gotteskraft auf, die in diesem schwachen Menschen sich mächtig auswirkte.

Simson in Gefahr

Schnell wurde ruchbar, daß Simson bei einer Dirne eingekehrt war. Für die Philister ließ sich eine echte Chance ausrechnen, den Feind ihres Volkes unschädlich zu machen. Ihr Plan versprach Erfolg. Es heißt: »Und sie umstellten ihn und lauerten die ganze Nacht auf ihn im Stadttor; und sie verhielten sich still die ganze Nacht und sprachen: Bis der Morgen hell wird, dann wollen wir ihn erschlagen.«

Diese blinden Toren hatten aus ihren verschiedenen Niederlagen nichts gelernt. Sie kannten die göttliche Kraft in Simson immer noch nicht.

Die fehlende Einsicht in die unbegrenzten Möglichkeiten des Allmächtigen ist bis heute geblieben und zeigt sich im vergeblichen Kampf politischer oder religiöser Fanatiker, die in unbändigem Haß gegen Gott und seine Beauftragten anrennen.

Die aber um des Zeugnisses willen leiden, werden mit Ehren gekrönt, denn sie haben etwas sichtbar gemacht von der Kraft Gottes, die sich im Schwachen verherrlicht.

Ein besonders eindrucksvoller Beweis hierfür wird aus der Zeit der letzten Christenverfolgung durch einen römischen Kaiser berichtet. Eine Mutter war verhaftet worden und sollte dem Christentum abschwören. Als sie sich weigerte, nahm man ihren kleinen Sohn, schleppte ihn zum Fallbeil und stellte die Mutter vor die Wahl: absagen von Jesus Christus oder Enthauptung ihres Kindes! Die Mutter blickte auf zu ihrem Erlöser, der allein ihr in diesem Augenblick Seine Gotteskraft schenken konnte, und sie blieb stark. Als der Henker zuschlug, eilte sie zum Richtklotz breitete ihr Kleid aus und fing den Kopf ihres Kindes mit den Worten auf: »Kostbar ist in den Augen des Herrn der Tod seiner Frommen« (Psalm 116, 15).

Eine weitere Krafttat Simsons

Die Offenbarung einer neuen Glaubenstat Simsons gibt uns neue Rätsel auf. Er schritt zu dieser Demonstration seiner Kraft, als er das Lager, das er mit einer Hure geteilt hatte, gegen Mitternacht verließ. Der Bibeltext erinnert uns: »Und Simson lag bis Mitternacht. Um Mitternacht aber stand er auf und ergriff die Flügel des Stadttores und die beiden Pfosten und riß sie samt dem Riegel heraus und legte sie auf seine Schultern; und er trug sie auf den Gipfel des Berges, der gegen Hebron liegt.«

Kurz und bündig ist dieser Bericht, und doch für uns schwer verständlich! Heute würden wir es für völlig unmöglich halten, daß jemand das Haus einer Dirne verläßt, um anschließend in der Kraft Gottes Stadttore samt Riegeln und Pfosten herauszureißen und auf einen Berg zu tragen. Konnte der Herr denn Simson auch hier noch beistehen? Mußte die Sünde dem Gottgeweihten nicht jede Kraft rauben? Wir können diese Frage nicht beantworten. Wir lesen auch nicht, daß Gott Sein Mißfallen über die Leichtfertigkeit Seines Knechtes ausspricht oder ihn zur Rechenschaft zieht.

Eines müssen wir aber festhalten: Gott ist in Seiner Heiligkeit und Gerechtigkeit unwandelbar. Sünde bleibt bei Ihm

Sünde, und dabei ist kein Ansehen der Person. Bedenken wir weiter, daß die vier Kapitel im Richterbuch, die von Simson erzählen, einen Zeitraum von etwa 40 Jahren umschließen. Was in dieser Zeit alles geschah, was Simson durchlebte, ist uns weitgehend verborgen. Wieviel Übungen er durchlitt, wie viele Buß- wie Reuetränen er vergossen hat, übergeht Gott bei dem, was Er über Seinen Knecht festhalten ließ. Beim oberflächlichen Lesen des Textes könnte man zu dem Urteil kommen, Simson wäre von einer Sünde in die andere gefallen und ohne Buße unangefochten in Seinen Aufgaben weitergeschritten. Eine solche Feststellung könnte nie mit einem heiligen Gott in Einklang gebracht werden. Deshalb möchten wir vor jedem Urteil über Simson warnen, durch das die Ehre Gottes besudelt würde. Uns sind nur einige Taten aus dem 20-jährigen Wirken Simsons aufgezeichnet worden, damit wir Einblick in die Kraft Gottes erhalten, der in einem sündhaften Menschen wirken kann, wenn dieser sich in Gottes Hand gibt. Wir sollen weiterhin lernen, daß Gott nie den Feind triumphieren läßt über Sein Volk und daß Er alle Mittel zur Verfügung hat, seine Gegner in ihre Schranken zu weisen und ihnen geraubtes Terrain wieder zu entreißen. Warum Gott einen Schleier über viele Abschnitte im Leben dieses Mannes gebreitet hat, warum Er nur einige Siege — wenn auch verbunden mit Fehltritten aufzeichnen ließ, bleibt uns verborgen.

Wie schnell es zu Entgleisungen in unserem Leben kommen kann, weiß jeder aufrichtige Christ, der seine verderbte Natur kennt. Vor offenbaren Sünden hüten wir uns nach Möglichkeit, doch was im Geheimen, in unserer Gedankenwelt sich abspielt, wird ängstlich vor der Öffentlichkeit verborgen gehalten. Deshalb müssen wir unsere Gedanken gefangennehmen unter den Gehorsam des Christus. Geschieht das nicht, ist es nur ein Schritt zur verhängnisvollen Tat. Sind wir aber einmal gestrauchelt, bleibt uns die gottgemäße Buße, um jede Gebundenheit radikal ausrotten zu können. Der Herr hilft uns! Er führt zur Buße durch seinen Geist: Er hilft uns, jede Gefangenschaft zu beenden. Wir dürfen die Stadttore, die unseren Ausbruch verhindern wollen, herrausreißen und jeder Gefahr entfliehen. Tragen wir wie Simson die Tore nach Hebron. Hebron war eine Zufluchtsstadt in Israel; ihr Name bedeutet Gemeinschaft, Verbindung. Der Bruch mit allen Bindungen führte zur Verbindung, zur vertieften Gemeinschaft mit Gott dem Vater und Seinem Sohn Jesus Christus. »Wer seine Übertretung verbirgt, wird kein Gelingen haben; wer sie aber bekennt und läßt, wird Barmherzigkeit erlangen« (Sprüche 28, 13).

Das ist Gottes Grundsatz, der für jeden zu aller Zeit Gültigkeit hat. Auch für Simson gab es keinen anderen Ausweg aus seiner Schuld. Darum sind wir überzeugt, daß er nach seinem Fall in Gasa durch Buße und Zerbruch zu neuer Kraft, zu Zuversicht und zu innerer Freude gelangte. Wie hätte Gott ihn sonst in der Aufzählung der Glaubensmänner in Hebräer 11 noch vor einem Jephta erwähnen können. Wir wären hierzu sicher zu ängstlich gewesen. Gott aber hatte keine Probleme, diesen Geweihten unter die Schar derer einzureihen, die Er als Glaubenshelden mit Namen in Seinem Wort verewigt hat.

Der Sieg des Herrn Jesus

Wenn wir den Ausbruch Simsons aus der Gefangenschaft in Gasa auf uns wirken lassen, werden wir an unseren geliebten Herrn erinnert, der durch Seinen Sieg am Kreuz die Tore unserer Gefangenschaft aus den Angeln hob. Am Ostermorgen vollzog sich dieses Wunder aller Wunder. Wie Jesus Christus verheißen hatte, erfüllte es sich: »Am dritten Tag werde ich auferstehen!« Keine Macht des Feindes konnte Ihn, den Triumphator, aufhalten. Er durchbrach die Stärke des Todes, die Herrschaft der Sünde, das Bollwerk des Teufels. Er befreite alle, die in Todesfurcht in der Knechtschaft Satans schmachteten. Der Siegesheld von Golgatha bahnte uns den Weg nach »Hebron« in die Gemeinschaft mit dem heiligen Gott. Die Verbindung wurde hergestellt zwischen dem Heiligen und den Sündern, dem Reinen und den

Unreinen. Der Sieger geht voran, und wir folgen Ihm. In der Schönheit, Reinheit, Heiligkeit und Herrlichkeit des Herrn Jesus steht der Erlöste vor Gott und jubelt:

Kein Tod kann uns nun schrecken.
Wer glaubt, der stirbt nicht mehr,
Du wist ihn auferwecken
bei deiner Wiederkehr.
»Ich leb' — und ihr sollt leben«,
so hast Du einst gesagt,
wirst uns zu dir erheben,
noch eh' der Morgen tagt.

Unser wunderbarer Herr hat die Gefangenschaft gefangen weggeführt und den erlösten Menschen herrliche Gaben gegeben, damit sie sich gegenseitig auf ihrem Weg zum Ziel in der Herrlichkeit ermuntern, stärken und trösten.

Merken wir, worauf es ankommt? Der Sieger hat uns den Weg zum Sieg gewiesen. In Seiner Auferstehungskraft erleben wir den Triumph über die Macht der Sünde. Sie kann uns nicht mehr beherrschen. Wie unser Erretter einmal der Sünde gestorben ist und nun für Gott lebt, so halten auch wir uns der Sünde für tot und leben für Gott in Christus Jesus, unserem Herrn!

Gott sei ewig Lob und Dank, daß die Tore, die Riegel und die Pfosten unserer Gefangenschaft ausgerissen sind! Sie können nie mehr eingehängt werden, denn der »wahre Simson« hat sie auf den Berg bei Hebron gebracht. Darum bekennen wir freudig: »Wer wird uns scheiden von der Liebe Christi? Drangsal oder Angst oder Verfolgung... Aber in diesem allen sind wir mehr als Überwinder, durch den, der uns geliebt hat. Denn ich bin überzeugt, daß weder Tod noch Leben, weder Engel noch Fürstentümer... weder Höhe noch Tiefe noch ein anderes Geschöpf uns wird scheiden können von der Liebe Gottes, die in Christus Jesus ist, unserem Herrn« (Röm. 8, 35-39).

Simsons Ende und sein Sieg im Tod

Jeder, dem die Ehre des Herrn am Herzen liegt, wird von tiefer Wehmut erfaßt, wenn er den traurigen Niedergang des Nasirs Gottes anschaut. Es ist, als mobilisiere Satan seine ganze Macht, um den Zeugen der Kraft Gottes auszuschalten. Der Teufel kannte die schwache Seite dieses Mannes; was lag daher näher, als eine Frau zu seinem Untergang zu benutzen. Alles wurde raffiniert eingefädelt. Unsichtbar webte der Gegenspieler Gottes sein gefährliches Netz, das er bei günstigster Gelegenheit zuziehen wollte. Seine Chance kam durch eine Frau im Tale Sorek; sie sollte den Gotteskämpfer unschädlich machen.

Gern möchte man dem Gefährdeten zurufen: »Simson, der entscheidende Kampf steht dir bevor! Birg dich unter die mächtige Hand Gottes! Satan hat begehrt, dich zu sichten. Du kommst auf den Prüfstand, und dein gefahrvoller Hang zum schwachen Geschlecht bringt deinen Untergang. Laß dich warnen! Ist das Netz erst gewoben, ist es für dich zu spät. Eile, fliehe und meide die verderblichen Lüste.«

Ihr Name war Delila

Schon in Namen dieser Frau liegt das Verhängnis. Delila bedeutet die Schmachtende, die Leidenschaftliche, die Schwache. »Wieviele Jahre seit Simsons Begegnung mit der Dirne vergangen waren, ist nicht festzustellen. Es heißt einfach: »Und es geschah hernach, ... da liebte er Delila.« Simson fühlte sich sehr selbstsicher. Sich selbst zu unterschätzen, führt aber zur Eigenmächtigkeit und Unabhängigkeit von Gott, weil man sich der eigenen Ohnmacht nicht mehr bewußt ist. Das Leben war ja bisher eine lange Kette an Beweisen, daß die Kraft Gottes stets zum Sieg führte.

Armer Simson! Falsches Selbstbewußtsein hat schon manchen zur Strecke gebracht! Schnell ist das verderbliche Netz ausgeworfen. Wer sich mit Delila einläßt, ist verloren. Sie kam immer noch zum Ziel, wenn ein Sorgloser ihrer vorgetäuschten Liebe auf den Leim ging! Leidenschaft zerstörte schon manches Leben. Die Bibel warnt: »Wie ein goldener Ring in der Nase eines Schweines, so ist eine schöne Frau ohne Anstand… Begehre nicht in deinem Herzen nach ihrer Schönheit, und sie fange dich nicht mir ihren Wimpern! Denn um eines hurerischen Weibes willen kommt man bis auf einen Laib Brot… Auf einmal ging er ihr nach, denn sie riß ihn fort mit der Glätte ihrer Lippen, wie ein Ochs zur Schlachtbank geht und wie Fußfesseln zur Züchtigung des Narren dienen, bis ein Pfeil seine Leber zerspaltet; wie ein Vogel zur Schlinge eilt und nicht weiß, daß es sein Leben kostet! Nun denn, ihr Söhne, höret auf mich, und horchet auf die Worte meines Mundes! Ein Herz wende sich nicht nach ihren Wegen, und irre nicht umher auf ihren Pfaden! Denn viele Erschlagene hat sie niedergestreckt und zahlreich sind alle ihre Ermordeten. Ihr Haus sind Wege zum Scheol, die hinabführen zu den Kammern des Todes« (aus Sprüche 6 u. 7).

Simson wird ernstlich gewarnt

Wer mit der Sünde spielt, kommt todsicher darin um. Hätte Simson die Warnungen nicht so leicht genommen, wieviel Leid, Schmerz, Demütigung und Not wären ihm erspart geblieben. Doch das eherne Gesetz der Vergeltung lautet: Wer sich nicht warnen und aufhalten läßt, läuft ins Unglück, ins Verderben, das er sich selbst vorbereitet hat.

Die Philister, die nur auf die Stunde warteten, in der sie ihren Todfeind beseitigen konnten, sahen in der Liebesverbindung Simsons mit Delila ihren günstigen Augenblick gekommen. Mit der Geldgier dieser falschen Frau konnten sie planen: »Berede ihn und sieh, worin seine große Stärke besteht, und wodurch wir ihn überwältigen können, daß wir ihn binden, um ihn zu bezwingen; und wir wollen dir ein jeder tausend und hundert Sekel Silber geben.«

Liebte Delila nicht? Heuchelte sie dem leidenschaftlichen Simson etwas vor? Oder lockte die große Summe Geldes?

Jedenfalls hören wir keinen Einwand Delilas auf das Angebot der Philister. Diese Frau fragte nichts nach dem Schicksal Simsons, es störte sie wenig, daß man ihn binden und umbringen wollte. Sofort unternimmt sie den verwerflichen Versuch dem Gottgeweihten das Geheimnis seiner Kraft zu entlocken.

Der ihr gebotene Preis war recht akzeptabel. Wir wissen nicht, wieviele Fürsten ihr Geld versprachen. Wenn es die fünf Regenten der größten Städte waren und jeder ihr tausend und hundert Sekel Silber gab, war es für die damaligen Verhältnisse ein riesiges Angebot. Für unseren geliebten Herrn kamen nur 30 Silberlinge ins Angebot! So ist der Mensch: für einen materiellen Vorteil opfert man seinen Nächsten! Noch war es nicht so weit; noch war Simson in seiner Überheblichkeit sicher, daß die Philister ihm nichts anhaben konnten. Solange er die Quelle seiner Kraft verschwieg, konnte ihm der Feind nicht schaden.

Satan, der Ränkespieler, wußte aber genau, wie und wo er anzusetzen hatte, um diesen Mann aus der Geborgenheit seines Gottes herauszulocken. Bei Simson eignete sich dazu eine schöne Frau und ein Schäferstündchen am besten. Exakt geplant und durchdacht ging sie ans Werk.

Der erste Angriff scheitert

»Da sprach Delila zu Simson: Tue mir doch kund, worin deine große Stärke besteht, und womit du gebunden werden kannst, daß man dich bezwinge. Und Simson sprach zu ihr: Wenn man mich mit sieben frischen Stricken bände, die nicht ausgetrocknet sind, so würde ich schwach werden und würde sein wie ein anderer Mensch.«

Ohne Umschweife ging Delila an ihre Aufgabe. Ob Simson überhaupt die Gefahr erfaßte, ist schwer auszumachen. Er könnte zunächst alles der weiblichen Neugierde zugeschrieben haben. Die Frage der Frau wirkte so harmlos und unverdächtig. Unter Vertrauten dürfte es keine Geheimnisse geben, sie führten sonst zu Mißtrauen.

Simson ging zum Schein auf die wißbegierige Frage ein, stellte sich harmlos und erzählte Delila eine Lüge. Nun sagt der Volksmund schon zurecht: »Lügen haben kurze Beine!« Durch eine Lüge kann man sich nicht auf Dauer aus einer Gefahr winden; mit einer Unwahrheit kommt man nicht weit. Selbst wenn Simson eine gewisse Freude dabei hatte, seine Geliebte zu hintergehen und sie für ihre Neugierde zu blamieren, wandte er doch das falsche Mittel an. Verschleierungen und Hinterhältiges passen nicht zu den Aufgaben, die Gott den Seinen überträgt.

Wie so manches im Leben Simsons mutet auch diese Taktik fremd an, die der Retter Israels benutzte. Für uns heißt es: »Redet Wahrheit, ein jeder mit seinem Nächsten! Da ihr die Lüge abgelegt habt...« Offenheit, Ehrlichkeit wird von uns gefordert! Alles muß echt, wahrhaftig und durchschaubar sein, was wir reden und tun.

War es nicht dringend an der Zeit, auf Delilas Neugierde die rechte Antwort zu geben? Hätte Simson die Frau nicht in ihre Schranken verweisen müssen? Gute Gelegenheiten verpaßte dieser Mann. Er hätte zur Verherrlichung Gottes beitragen und auf den verweisen können, in dessen Kraft ihm alles möglich ist. Ohne das Geheimnis Gottes preiszugeben, hätte Simson seinen Gott herausstellen und dadurch den Heiden eine Ahnung von der Größe des Allmächtigen vermitteln können. Wir müssen jedoch sehen, daß Simsons Auftrag anders lautete als die uns heute erteilte Anweisung. Simson mußte den Philistern Gottes Kraft offenbaren und nicht seine Gnade. Hier ging es nur noch um Gericht, durch das Gott nachhaltig auf Seine Rechte aufmerksam machte. Jede Haushaltung Gottes hat einen anderen Zweck und ein anderes Ziel. Daher ist es wichtig, alles recht einzuordnen.

Delila stand in ständiger Verbindung mit ihren Auftraggebern. Auf ihre Nachricht hin brachten sie die Stricke, und Simson spielte seine Komödie weiter. Er ließ sich von der Frau binden. Mit einem mitleidigen Lächeln sah er ihr zu. Leider ahnte er nicht, daß er trotz seiner vermeintlichen Überlegenheit und Stärke durch dieses Spiel an innerer Energie verlor. Jedes Spiel mit der Sünde, jede Verharmlosung führt zu Bindungen, die oft von dem Betroffenen nicht bemerkt werden. Darum sollten wir jeden Schein meiden, denn »es gilt ein frei Geständnis in dieser unserer Zeit, ein offenes Bekenntnis trotz allem Widerstreit«.

»Sie band ihn!« darin lag Simsons ganze Tragik. Auch die Gegner waren schon anwesend, um ihn zu überwältigen. Delila rief: »Philister über dir, Simson! Da zerriß er die Stricke wie eine Schnur von Werg zerreißt, wenn sie Feuer riecht; und seine Stärke ward nicht kund.« Es wird uns nicht berichtet, ob Simson irgend etwas unternahm. Er zerriß die Stricke, ließ seine Feinde aber ungeschoren.

Bei diesen Versuchungen durch Delila lesen wir auch nicht von Simson: »Und der Geist des Herrn kam über ihn.« Alles klang vielmehr wie eine vergnügliche Abendunterhaltung. Die Weihe des Herrn war auf Simson; das äußere Zeichen hierfür, die sieben Haarflechten kannte niemand seiner Gegner. Doch an Kleinigkeiten in den Antworten Simsons erkennen wir ein gewisses Nachlassen der geistlichen Vorsicht. Das aber war ein sicheres Anzeichen eines sich anbahnenden Sturzes. Simson ließ sich lächelnd binden, ohne zu ahnen, daß seine Selbstsicherheit zum Verhängnis werden würde.

Die Versuchung geht weiter

Simson hatte ebensowenig gelernt wie die blinden Philister. Der Nasir erkannte die Gefahr der Verbindung mit der Welt und die Fürsten der Philister die Kraft Gottes nicht, die sich in vielen Beweisen vor ihren Augen erwiesen hatte. Geistliche Blindheit ist gefährlich und führt in den Untergang.

»Da sprach Delila zu Simson: Siehe, du hast mich getäuscht und Lügen zu mir geredet. Nun tue mir doch kund, womit du gebunden werden kannst«. Simson! wache auf aus deinem leichtsinnigen Schlaf! Erkennst du die Gefahr immer noch nicht? Löse dich von der listigen Betrügerin, die dich verderben will! Denke daran: »Wer oft zurechtgewiesen, seinen Nacken verhärtet, wird plötzlich hingeschmettert ohne Heilung!« Noch kannst du der Gefahr entrinnen! Eile, fliehe, mach' es wie Josef im Hause Potiphars, der lieber ins Gefängnis ging, als im Ehebruch die Gemeinschaft mit Gott zu verlieren.

»Du hast Lügen zu mir geredet!« Schlug nun Simsons Gewissen? Von Ungläubigen der Unwahrheit bezichtigt zu werden, ist für einen Christen sehr beschämend. Gern hält die Welt den Gläubigen Fehlverhalten vor. Wenn sie damit recht hat, ist das ein Trauerspiel. Unsere Einstellung zur Welt soll den Worten des Herrn Jesus entsprechen: »Glückselig seid ihr, wenn sie euch schmähen und verfolgen und alles Böse lügnerisch gegen euch reden werden um meinetwillen. Freuet euch und frohlocket, denn euer Lohn ist groß in den Himmeln; denn also haben sie die Propheten verfolgt, die vor euch waren« (Matth. 5, 11-12).

So hätte Simson handeln müssen, und die Kraft Gottes hätte ihn zu neuen Siegen geführt. Die Welt müßte dann eingestehen, daß ein lebendiger Gott in Israel wirkte. Doch wie antwortete Simson?

Eine neue Lüge

»Und Simson sprach zu ihr: Wenn man mich festbände mit neuen Seilen, mit denen keine Arbeit geschehen ist, so würde ich schwach werden und würde sein wie ein anderer Mensch.«

Lügen führen zu einem Gewirr von Verstrickungen. Anstatt den Ort der Gefahr zu verlassen, tischte der Nasir immer neue Märchen auf. Mit Berechnung ging seine Täuschung weiter. Waren zuerst nicht ausgetrocknete Stricke notwendig, lag im zweiten Hinweis eine Steigerung, wodurch Simson bewußt seine Feinde täuschen wollte. Stricke hatte er wie eine Schnur aus Werg zerrissen, deshalb mußten jetzt ganz neue Seile genommen werden. Seinen Gegnern wollte er eine glaubwürdige, einleuchtende Sache vortragen, damit sie sich in Sicherheit wiegten. Sie besorgten der Delila auch diese Art von Tauen und sie band ihn wieder wie schon beim ersten Mal.

In diesem Hinweis »sie band ihn!« lag die eigentliche Gefahr. Delila band Simson, und er ließ sich binden! Hier wird ein Miteinander deutlich, das zum Verhängnis führen muß. Wenn Simson auch etwas vortäuschte und sich seiner Befreiung sicher war, wurde er doch immer sorgloser, und die Frau bekam stärkeren Einfluß auf ihn.

Wieder hatte die Hinterlistige Männer bestellt, die über den Geweihten herfallen sollten. Doch bei dem Ruf »Philister über dir, Simson!« zerriß er die Seile wie einen Faden von seinen Armen. Nochmal war die Gefahr glücklich überwunden. Weitere nähere Umstände erfahren wir nicht. Die Empfindungslosigkeit des Gottgeweihten, der das seltsame Spiel fortsetzt, kann beunruhigen. Die Lösung aus der Gemeinschaft mit Gott ging Hand in Hand mit Simsons Lügengespinst. Es scheint nur noch eine Frage der Zeit, daß auf dieses Gelöstsein von Gott auch äußerlich der Wegfall des Zeichens seiner Gottesweihe folgen mußte. Zweimal gewarnt und immer noch nichts gelernt! das war das Resultat dieser Ereignisse.

Bei Simson läßt sich das Sprichwort anwenden: »Steter Tropfen, höhlt den Stein.«

Die »leichtumstrickende Sünde«, vor der die Bibel warnt, zieht den Leichtfertigen immer tiefer in ihre Fänge. Der dritte Versuch Delilas führt schon näher zur Substanz, zum Kern, zum eingentlichen Ziel der Verführung.

Großer Leichtsinn

Hat Simson noch immer nicht die Sache durchschaut? Ist er so naiv oder so leichtsinnig, daß er das Haus dieser gefährlichen Frau nicht verläßt? Merkt er gar nicht, wie seine innere Kraft, sein Widerstand erlahmt?

»Da sprach Delila zu Simson: Bisher hast du mich getäuscht und Lügen zu mir geredet. Tue mir doch kund, womit du gebunden werden kannst!« Wenn man die Fragen dieser Frau immer wieder liest, steht man tatsächlich vor der Frage: Fordert Simson sein Unheil nicht heraus? Er weiß, was diese Frau beabsichtigt; er weiß, daß die Philister ihn umbringen wollen; er weiß um die Hinterhältigkeit Delilas, und doch spielt er sein gefährliches Spiel weiter.

Simsons Antwort auf die dritte Frage der Frau — ihm in heuchlerischer Liebe serviert — geht hautnahe an die Wirklichkeit heran: »Und er sprach zu ihr: Wenn du die sieben Flechten meines Hauptes mit dem Gewebe verwebtest.« Die sieben Flechten, das äußere Zeichen seiner Gottesweihe, waren schon im Gespräch! Merken wir die Taktik des Teufels, wie fein er es versteht, sein Opfer einzuschläfern? Unaufhaltsam reift die Gefahr zum Verderben aus. Noch ist Zeit zur Flucht! Simson, winde dich aus den Armen dieses Weibes, ehe du zum willenlosen Sklaven deiner Begierden geworden bist, und das Zeugnis deines Gottes besudelt ist!

Welch ein Leichtsinn, die sieben Flechten, das Zeichen seiner Würde, bei diesem zweifelhaften Treiben zu erwähnen!

»Und sie heftete sie mit dem Pflocke und sprach zu ihm: Philister über dir, Simson! Da wachte er auf von seinem Schlaf und riß den Webepflock und das Gewebe heraus.«

Nochmal davongekomen! Simson, hast du die Gefahr nicht erkannt? Um Haaresbreite bist du der Gefangennahme entronnen. Du warst schon eingeschlafen! Und wenn du nicht rechtzeitig aufgewacht wärest? Merkst du nicht, wie du immer schwächer wirst, immer weniger Widerstand leistest? Die Alarmstufe eins ist eingeschaltet! Die letzte Möglichkeit zur Flucht ist eingeräumt, darum fliehe so schnell du kannst! Aber zu völliger Abhängigkeit fesselten den Gottgeweihten seine Leidenschaften!

Die Preisgabe des Geheimnisses

»Da sprach sie zu ihm: Wie kannst du sagen: Ich habe dich lieb, so doch dein Herz nicht mit mir ist? Nun, dreimal hast du mich getäuscht und mir nicht kundgetan, worin deine große Stärke besteht.«

Delila geht zum letzten Angriff über. Sie weiß die leicht verwundbare Stelle im Leben dieses Mannes. Ihre Attacke ist genau durchdacht und gut gezielt: »Wie kannst du von Liebe sprechen! Das ist doch keine Liebe, wenn du mir das Wichtigste vorenthältst! Wenn die Liebe echt ist, kann man den Menschen seiner Zuneigung nicht dreimal belügen. Woran soll ich denn erkennen, daß du mich wirklich liebst? In trauter Gemeinsamkeit darf es keine Geheimnisse geben! Simson, wenn du mir deine Liebe beweisen willst, sage mir, worin deine Stärke besteht!«

Delila geht aufs Ganze! Und sie ist eine Frau, die ihr Ziel zu erreichen weiß! Simson Bereitschaft zur Gegenwehr wird immer geringer. Schließlich erliegt er dem verführerischen Wollen seiner Geliebten. Simson, du Gottgeweihter, du Abgesonderter unter Tausenden, wohin führt ein Weg wenn man sich von der Lust der Augen und der Lust des Fleisches beherrschen läßt!

»Und es geschah, als sie ihn alle Tage mit ihren Worten drängte und ihn plagte, da wurde seine Seele ungeduldig zum Sterben; und er tat ihr sein ganzes Herz kund und sprach zu ihr: Kein Schermesser ist auf mein Haupt gekommen, denn ein Nasir Gottes bin ich von Mutterleibe an; wenn ich geschoren würde, so würde meine Stärke von mir weichen, und ich würde schwach werden und würde sein wie alle Menschen.«

Ein Dreifaches lag in Delilas Anstregungen:
1. die Dauer der Versuchung;
2. die Art der Versuchung;
3. der Erfolg der Versuchung!

Beharrlichkeit führte zum gewünschten Ziel! Die Frau ließ nicht locker, sondern lag Simson alle Tage in den Ohren. Bei jeder gelegenen und ungelegenen Zeit kam sie mit denselben Anliegen, bat und flehte, um Simson sein Geheimnis zu entreißen. Sie drängte ihn mit überredenden Worten, und erinnerte ihn immer wieder an die Notwendigkeit eines Beweises für seine Liebe. Mit allen ihr zu Gebote stehenden Mitteln lockte sie. Als sie mit all ihren Argumenten noch nichts erreicht hatte, scheute sie sich nicht, ihn wirklich zu plagen. Dieses Plagen beinhaltete Vorwürfe, Druck, Anschuldigungen, Quälereien, bis hin zu Gezeter und hysterischem Geschrei.

Der Erfolg solcher Bemühungen konnte nicht ausbleiben. Delila brachte Simson zu Fall. Endlich schüttete er ihr sein Herz aus und offenbarte ihr die Ursache seiner übergroßen Stärke.

Wehe, wenn Leidenschaften einschläfern, so daß die lauernden Gefahren nicht mehr wahrgenommen werden! Gottes Wort sagt: »Nun denn, ihr Söhne, höret auf mich: Glückselig sind, die meine Wege bewahren! Höret Unterweisung und werdet weise, und verwerfet sie nicht! Glückselig der Mensch, der auf mich hört, indem er an meinen Türen wacht Tag und Nacht, die Pfosten meiner Tore hütet! Denn wer mich (die Weisheit von oben) findet, hat das Leben gefunden und Wohlgefallen erlangt vor dem Herrn. Wer aber an mir sündigt (mich verfehlt) tut seiner Seele Gewalt an; alle die mich hassen, lieben den Tod« (Sprüche 8, 32-36).

Delilas Schandtat

Armer Simson! Nun hängst du in den Fängen dieser leidenschaftlich geldgierigen Frau. Kommst du immer noch nicht zur Einsicht? Eine Möglichkeit gäbe es noch trotz deines Leichtsinns: die Flucht! Flieh! aus der Gefahrenzone! Delila will deinen Untergang. Ihre Liebe ist falsch, sie heuchelt dir ihre Zuneigung! flieh' eilends, sie verkauft dich an deine Feinde, die ihre Freunde sind!

Wir stehen auch heute in der Bedrohung, das Empfinden für unsere Situation verloren zu haben oder zu verlieren. Die Moral unterliegt in unseren Tagen satanischem Einfluß. Jeder tut, was ihm paßt und was er will, ohne nach Gottes Geboten zu fragen. Das macht nicht halt vor den Reihen der Gotteskinder. Christen oder solche, die vorgeben, Christen zu sein, die die unergründliche Gnade und Liebe Gottes erkannt und den Gekreuzigten, der in tiefsten Nöten und Ängsten für ihre Sünden gestorben ist, geschaut haben wollen, glauben, Familienplanung und der Welt angepaßte Eheführung mit ihrer Erlösung vereinbaren zu können. Sie gleichen Simson, der ohne Wahrnehmungsfähigkeit für tödlichen Ernst seiner Lage eingeschlafen ist. Der voreheliche Geschlechtsverkehr ist salonfähig geworden. Das anklagende Gewissen ist verstummt oder verhärtet, nach außen aber wird der fromme Schein gewahrt. Doch immer noch hat das Wort seine Bedeutung: »Wer mit der Sünde spielt, kommt darin um!«

»Und als Delila sah, daß er ihr sein ganzes Herz kundgetan hatte, da sandte sie hin und rief die Fürsten der Philister und sprach: Kommet diesmal herauf, denn er hat mir sein ganzes Herz kundgetan.«

»Und Delila sah…« Sie sah die Schwäche Simsons, diesen kraftlos gewordenen Geweihten Gottes, dieses traurige Geschöpf, diesen sich so lächerlich offenbarenden, sich so kindisch gebärdenden Richter Israels, der so unfaßbar leichtfertig mit dem Heiligsten umging, das der Herr ihm vor allen anderen Menschen anvertraut hatte. Sie sah: Nun ist er mir auf Tod und Verderb ausgeliefert; jetzt kann ich mit ihm nach Willkür verfahren; jetzt kann ich ihm seine Gottesweihe nehmen. Delila sah: Simson ist zum Objekt geworden, das mir Reichtum und mir in den Augen meines Volkes Ehre und Ansehen bringt! Dieser gutgläubige Mann verhilft mir zu einer Stellung, die ich ohne ihn nie hätte erreichen können! Wie traurig! Satan, der Widersacher, war zum Ziel gelangt; diese hinterlistige Frau, das Werkzeug in seiner Hand, hatte beste Dienste geleistet. Die Philister, die Feinde Gottes und Seines Volkes, triumphierten und sangen Jubellieder. Anlaß hierfür ist Simson, dessen Auftrag es war, Zeugnis von der Macht, Größe und Herrlichkeit Gottes abzulegen. Können wir uns vorstellen, wie nicht nur die sichtbare, sondern auch die unsichtbare dämonische Welt in Freudentaumel ausbrach! Man hatte einen Boten im Dienst Gottes für seinen Auftrag ausgeschaltet; Simson war für Gott unbrauchbar geworden.

Wie viele Christen gleichen in unseren Tagen diesem Simson! Jede Sünde, jedes leichtfertige Spiel mit der Sünde macht uns dienstuntauglich. Alle Boten des Herrn, die in vorderster Linie kämpfen, jeder Wiedergeborene sollte sich täglich im Licht Gottes prüfen, wie sein offenbares und sein verborgenes sittliches Leben aussieht. Wenn der Herr unseren Dienst nicht mehr segnet, wenn »Erfolge« ausbleiben, ist innere Einkehr dringend nötig. Die lähmende Tätigkeit mancher »Delila« führt zum geistlichen Schlummer. Ihre Knie sind gefährlich, darum müssen wir das Wort des Herrn bedenken: »Was ich aber euch sage, sage ich allen: Wachet! Sehet zu, wachet und betet! Glückselig jene Knechte, die der Herr wachend finden wird! Glückselig, der da wacht und seine Kleider bewahrt...«

Delila sah, daß Simson ihr sein ganzes Herz kundgetan hatte. Er hatte alles preisgegeben, was ihm bislang heilig war. Bis in die tiefsten Tiefen seines Herzens hatte er die Verführerin schauen lassen. Er hatte sich vor ihr völlig entblößt, ihr sein ganzes Innere aufgedeckt. Die Leidenschaft mußte ihn völlig verwirrt haben, sonst hätte er nicht sein eigenes Todesurteil unterschrieben. Dreimal hatte er sich in letzter Sekunde vor dem Zugriff der Feinde retten können, doch jetzt stand sein Untergang bevor, weil er das Geheimnis Gottes preisgegeben hatte.

Delila zögerte, als sie alles wußte, keinen Augenblick länger, den Gegnern ihres Liebhabers diese Freudenbotschaft zu bringen. »Kommt diesmal herauf, denn er hat mir sein ganzes Herz kundgetan. Und die Fürsten der Philister kamen zu ihr hinauf und brachten das Geld mit sich.«

Wie niederträchtig handeln oft Menschen, wenn es um Geld geht. Der Judaslohn hätte doch in den Händen dieser Frau brennen müssen. Wie kalt berechnend hatte sie den Gegenstand ihrer Liebschaft fallen lassen und verkauft. Die Gegner Simsons wußten um die Macht des Geldes. Sie gingen ganz anders vor, als die 30 Gesellen auf der Hochzeit Simsons mit jener jungen Frau. Sie drohten damals damit, die Braut mit Familie und Besitz zu verbrennen, wenn sie das Geheimnis des Rätsels nicht erfahren würden. Die Fürsten der Philister winkten mit einer großen Summe, die in Delila alle bösen Begierden weckte.

Die Bibel warnt an vielen Stellen vor Geldliebe. Wenn Gott hier Haltesignale aufstellen läßt, weiß Er um die Gefahren, die Seinen Kindern auf diesem Gebiet drohen. Schon Achan kam um, als er bei der Einnahme Jerichos der Versuchung nicht widerstehen konnte, sich trotz Verbot Gottes von dem Verbannten Geld und einen wertvollen Mantel zu nehmen. Der Diener Elisas, Gehasi, ließ sich bei der Heilung Naamans vom Aussatz von dem Syrer fürstlich beschenken; er belog Elisa und wurde selbst mit der furchtbaren Krankheit des Aussatzes bestraft. Judas verriet seinen Herrn für eine lächerlich geringe Summe. Diese Tat führte zu Verzweiflung und Selbstmord durch Erhängen.

Wie eindringlich mahnt uns die Bibel in dem Brief des Paulus an Timotheus: »Die Gottseligkeit aber mit Genügsamkeit ist ein großer Gewinn; denn wir haben nichts in die Welt hineingebracht, so ist es offenbar, daß wir auch nichts hinausbringen können. Wenn wir aber Nahrung und Bedeckung haben, so wollen wir uns daran genügen lassen. Die aber reich werden wollen, fallen in Versuchung und Fallstrick und in viele unvernünftige und schädliche Lüste, welche die Menschen versenken in Verderben und Untergang. Denn die Geldliebe ist die Wurzel alles Bösen, welcher nachtrachtend etliche vom Glauben abgeirrt sind und sich selbst mit vielen Schmerzen durchbohrt haben. Du aber, o Mensch Gottes, fliehe diese Dinge« (1. Tim. 6, 6-11).

Ein trauriges Bild

Statt wachsam und ein Vertreter für die Ansprüche Gottes an das Land der Verheißung zu sein, liegt der gescheiterte Bote im Schoß der Feindin seines Volkes. Gemäß dem Gesetz der schiefen Ebene geht es mit Simson immer schneller ins Verderben. Alle Warnungen waren fehlgeschlagen; der Unbelehrbare muß nun ernten, was er im Leichtsinn gesät hat. Wir empfinden tiefe Trauer, wenn die Worte vor uns stehen: »Und sie ließ ihn auf ihren Knieen einschlafen und rief einen Mann und ließ die sieben Flechten seines Hauptes abscheren; und sie fing an, ihn zu bezwingen, und seine Stärke wich von ihm.«

Welch ein erschütterndes Bild! Drei Tatsachen über Delila werden uns in diesem Bibelvers vorgestellt. Für Delila vollzog sich das alles ohne die geringste Mühe. Mit ihrem verführerischen Wesen brachte sie den starken Helden zur Strecke. Wir lesen:

Sie ließ ihn auf den Knieen einschlafen!

Sie rief einen Mann, der die sieben Flechten abschnitt!

Sie fing an, ihn zu bezwingen!

Wie einfach klingt diese Schilderung! Wie selbstverständlich läuft Simsons Untergang ab. Wer in solchen Fängen hängt, wer sich auf eine so gefährliche, schlüpfrige Bahn begeben hat, muß seinem Leichtsinn zum Opfer fallen. Wehren wir den Anfängen! Wer sich gehen läßt, ist verloren!

Delila ließ Simson einschlafen! Viel Raffinesse liegt in dieser Handlung! Wahre Verführungskunst wird sichtbar: Delila versteht ihr Handwerk. Ahnungslos ruht die Beute in ihrem Schoß; das Verhängnis nimmt seinen Lauf. Warum sie selbst Simsons Flechten nicht abschnitt, ist nicht festzustellen. Sie rief einen Mann, der diese schwerwiegende Aufgabe übernahm. Vielleicht fürchtete die Frau, Simson könnte beim Scheren seiner Haare aufwachen. Aber der Gottgeweihte schlief und erwachte selbst in der höchsten Gefahr nicht. »Und sie fing an, ihn zu bezwingen.« Ein eigenartiger Hinweis auf ein gelungenes Meisterstück! »Sie bezwang ihn!« Sie hatte das Ganze eingefädelt und einen Gesalbten Gottes erledigt. Ihre List, ihre Tücke, ihre Verführungskünste hatten einen Knecht des Herrn, der Stadttore aus den Angeln riß und forttrug, der mit einem Eselsknochen tausend seiner Gegner niederstreckte, überwunden. Eine schwache Frau war in ihrer geheuchelten Leidenschaft stärker als ein leichtsinniger, mit der Welt spielender Gottesknecht! Wie beschämend! Und doch sehen wir die Ohnmacht eines Menschen, der die Gemeinschaft mit seinem Gott verliert und meint, selbst allen Gefahren gewachsen zu sein.

»Und seine Stärke wich von ihm!« Der Gesalbte hatte seine Weihe verloren. Da lagen die sieben Flechten vor den Füßen seiner Bezwingerin. Was hatte der Herr zu Simsons Eltern gesagt? »Kein Schermesser soll auf sein Haupt kommen.« Nun war es geschehen. Das äußere Zeichen eines Nasirs Gottes war entfernt worden, die Kraft Gottes war von Simson gewichen. Nun war der Unglückliche hilflos seinen Feinden und ihren Machenschaften ausgeliefert.

Mit dem Verlust des Zeichens der Gottesweihe schwand auch der Herzensfriede; die Verbindung mit seinem Gott war abgerissen. Damit war jede Kraft entschwunden; Simson mußte nun die schwersten Folgen aus seinem leichtfertigen Verhalten tragen.

»Wer die Sünde tut, ist der Sünde Knecht«, sagt die Bibel. Hat sie ihr verderbliches Netz einmal über ihr Opfer geworfen, ist es kaum möglich, wieder frei zu werden. Oft fängt alles ganz harmlos an, doch aus Gedanken, Wünschen und Träumen wächst schnell die verhängnisvolle Tat, die ein Leben völlig vernichten kann. Deshalb müssen wir den Anfängen wehren und der Unterweisung des Apostels folgen: »Wandelt im Geist, in der Kraft des Heiligen Geistes und ihr werdet die Lust des Fleisches nicht vollbringen.« Gottes Geist will uns immer und frühzeitig vor den Gefahren warnen, die auf uns lauern. Einst mahnte Elisa den König Joram: »Hüte dich, diesen Ort zu vernachlässigen, denn dort kommen die Syrer herab.« Weil dieser König gehorsam war und die Grenzen an den bezeichneten Stellen von Soldaten besetzen ließ, mußte der Feind unverrichteter Dinge wieder abziehen. Kennen wir in unserem Leben unsere Schwachstellen? Jeder hat aufgrund seiner menschlichen Neigungen Bereiche, wo er besonders verwundbar ist. Einer neigt zum Hochmut oder zur Eitelkeit, ein anderer zum Jähzorn oder zum Geltungsbedürfnis. Manche haben einen ausgeprägten Hang zum anderen Geschlecht u.s.w., u.s.w. Allen aber gilt der Zuruf: Hüte dich, leichtfertig über die Gefahrenstellen deines Lebens hinwegzusehen! Gerade hier bricht der Feind ein. Ihn bewegt nur ein Vorhaben: Uns zur Strecke zu bringen, uns

Freude, Frieden und Gemeinschaft mit unserem geliebten Herrn zu rauben. Simson will uns mahnen, er will uns vor einer Katastrophe bewahren, die ihn voll traf. Keiner ist gefeit, keiner kann sagen: Das wird mir nie passieren! Zu jeder Zeit müssen wir uns der eigenen Unfähigkeit bewußt bleiben und mit dem Dichter beten:

Ach, leite mich mit deinen Augen
Auf jedem Schritt durchs dunkle Tal!
Wie gar nichts meine Kräfte taugen,
Ich fühl es täglich tausendmal.
Ich bitte, Herr, daß bis zum Ende
Du mich in dein Erbarmen hüllst;
Hier hast du meine beiden Hände,
Nun mache mit mir, was du willst!

Simson in der Hand der Feinde

»Und sie sprach: Philister über dir, Simson! Da wachte er auf von seinem Schlaf und dachte: Ich werde davonkommen wie die anderen Male und mich herausschütteln.«

Wie kann man so sorglos sein? Während Simson das Geheimnis seiner Gotteskraft preisgab, ließ er sich in Delilas Schoß einschläfern. Ein so tiefer Schlaf hatte ihn überfallen, daß alles, was an ihm und um ihn her geschah, seiner Wahrnehmung entging. Simson empfand nicht, daß er bezwungen war, bezwungen von der Macht der Sünde in Gestalt einer Frau, die nur auf das Verderben ihres Opfers aus war. Hatte der Mann aus den früheren Vorfällen gar nichts gelernt? Woher kam seine schwere Müdigkeit, die ihn alles um sich her vergessen ließ? »Er dachte!« An seinen Gott? An Gottes Verheißungen? An Gottes Möglichkeiten? Nein, er dachte: Ich werde schon davonkommen, mich herauswinden wie früher!

Aber Simson mußte nun in sehr schmerzlicher Weise lernen. Er sprang zwar — aus dem Schlaf erwachend — auf, doch es war um ihn geschehen. Seine Selbstsicherheit, seine Sorglosigkeit, sein Leichtsinn hatten ihm die Kraft Gottes geraubt. Er befand sich völlig hilflos in der Hand seiner Feinde. Es gab kein Entrinnen, kein Davonkommen für ihn.

Eine Lehre für uns

Leider gibt es auch heute Gotteskinder, die hinsichtlich ihrer Stellung in Christus sehr selbstsicher sind. Mancher meint, ein Leben der Nachfolge so nebenbei erledigen zu können. So streng extrem in der Ablehnung der weltlichen Angebote kann man doch nicht sein. Was eben noch erlaubt sein könnte, will man als Freuden der Welt genießen. Man hütet sich, den Herrn öffentlich zu verunehren, aber so ganz eng sollte man das alles nicht sehen. Zu Recht wurde jedoch der Satz geprägt: Ein halber Christ ist ein ganzer Unsinn! Der Herr klagt in dem Sendschreiben an Laodicäa: »Ich kenne deine Werke, daß du weder kalt noch warm bist. Ach, daß du kalt oder warm wärest! Also, weil du lau bist und weder kalt noch warm, so werde ich dich ausspeien aus meinem Mund. Weil du sagst: Ich bin reich und bin reich geworden und bedarf nichts, und weißt nicht, daß du der Elende und der Jämmerliche und arm und blind und bloß bist. Ich rate dir, Gold von mir zu kaufen, geläutert im Feuer, auf daß du reich werdest; und weiße Kleider, auf daß du bekleidet werdest... Ich überführe und züchtige so viele ich liebe.« Wenn uns auch niemand der Hand Gottes entreißen kann, läßt der Herr doch keinen der Seinen im Eigenwillen gehen. Mittel und Wege stehen Ihm zur Verfügung, uns zur Besinnung zu bringen. Seine Zucht ist bitter und schmerzhaft, aber unser Vater weiß, wie nötig der Versuch unserer Zurechtbringung ist, damit wir nicht mit der Welt verurteilt werden. Eine lasche Einstellung des Erlösten ist ein sicheres Zeichen der Geringschätzung der unbegreiflichen Gottesgnade und der kostbaren Erlösung durch das Blut und Leben unseres teuren Herrn. Gott hat uns die Geschichte Seines Knechtes Simson aufzeichnen lassen, damit sie für alle Zeiten jeden von uns eindringlich warnt.

Verhängnisvolle Unwissenheit

Simson sprang, als die Philister sich ihm nahten, auf, um sie wie früher in die Flucht zu schlagen. Seine verhängnisvolle Lage wurde ihm erst bewußt, als er seine Kraftlosigkeit empfand. Wie traurig: »Er wußte nicht, daß der Herr von ihm gewichen war.« Nahm er nicht wahr, daß seine Haare abgeschnitten waren? Konnte er nicht wissen, daß Gott sich nie mit einem in Sünde gefallenen Menschen einsmachen wird? Was aber leistet ein Erlöster ohne Hilfe und Kraft Gottes? Gott jedoch wohnt nur in gereinigten Herzen.

Beim Lesen dieser erschütternden Begebenheit müssen wir in den untrüglichen Spiegel des Wortes Gottes schauen. Wie oft muß auch über uns das Urteil gefällt werden: Er wußte nicht, daß der Herr von ihm gewichen war. Unser Leben ist oft trotz alles religiösen Betriebs kraftlos. Man kann eine Form der Gottseligkeit bewahren, aber ihre Kraft verleugnen. Man kann fleißig die Stunden des Zusammenkommens als Volk Gottes besuchen und innerlich keine Beziehung mehr zum Herrn Jesus und den Seinen haben. Gott schaut nicht aufs Sichtbare, sondern auf die innere Wahrhaftigkeit und Treue. »Ein zerbrochenes Herz und einen zerschlagenen Geist, wirst du, o Herr, nicht verachten«, ruft ein treuer Knecht des Alten Bundes aus. Selbstsicherheit kann zum verhängnisvollen Irrtum führen. Mancher hat die Gnade versäumt, weil er »nicht wußte« oder auch »nicht wissen wollte«, daß ein religiöses Bekenntnis nicht ausreicht. Das große Angebot Gottes muß persönlich angenommen werden. Das Heil ist nur für verlorene Sünder, die in Buße und Glauben die Gnade in dem Gekreuzigten und Auferstandenen erfassen. Nie habe ich vergesen, als ein alter Herr in einer Aussprache bekannte: »Bis jetzt habe ich in meinem langen Leben an der Gnade vorbeigelebt, weil ich nicht wußte, wie notwendig die Wiedergeburt ist. Religiös war ich immer. Auch habe ich als Presbyter gedient, doch heute abend habe ich im Licht Gottes erkannt, daß ich im Gottesgericht gelandet wäre, wenn ich diese Botschaft überhört hätte.« »Er wußte nicht!« Wie verhängnisvoll! Doch der Weg zur Erkenntnis Gottes ist frei. Wichtig ist es, mit Petrus sagen zu können: »Wir wissen ... daß wir mit dem kostbaren Blut Christi, eines Lammes ohne Fehl und ohne Flecken erlöst worden sind.« Auch der Herr Jesus unterstreicht in Seinem Gebet zum Vater: »Dies aber ist das ewige Leben, daß sie dich, den allein wahren Gott, und den du gesandt hast, Jesus Christus erkennen« (Joh. 17, 3).

Die Rache der Feinde

»Und die Philister griffen ihn und stachen ihm die Augen aus.« Wo ist der Nasir Gottes hingekommen? Die Sünde macht nicht nur unglücklich, fried- und freudelos, sie nimmt unserem inneren Auge auch das Licht. Simson ist hilflos seinen Gegnern ausgeliefert. Eine entsetzlich schmerzhafte Prozedur muß der Überwundene ertragen. Womit man Simson die Augen ausstach, wird nicht berichtet. Der berühmte Maler Rembrandt hat ein eindrucksvolles Gemälde dieser grauenhaften Szene geschaffen. Man sieht dort einen starken, muskulösen Mann, sich in starken Fesseln krümmend. Triumphierende Philister kommen mit einem glühenden Eisen, um Simson damit zu blenden. Wie brutal, wie erbarmungslos gingen die Feinde mit ihrem Opfer um. Selbstverschuldung hatte Simson in diese Lage gebracht. Das Spielen mit der Sünde führte ihn in diese körperlichen Qualen, doch die seelischen Nöte waren weit intensiver. So scheint ein Dienst für Gott zu enden! Ein Mann, der ein großes Reich in Angst und Schrecken versetzt hatte, wurde zum Gegenstand von Hohn und Spott, eine Augenweide der Gegenspieler Gottes! Hier liegt die eigentliche Tragik. Nach dieser Niederlage liegt das Werkzeug des Allmächtigen hilflos gefesselt, blind im Kerker der heidnisch gottlosen Welt!

Der Triumphzug der Philister

Endlich hatten sie Simson gefangen. Der Schrecken ihrer Nation war unschädlich gemacht: »Und sie banden ihn mit Doppelfesseln und führten ihn nach Gasa hinab, und er mußte im Gefängnis mahlen. Mit gewaltigen Freudenkundgebungen führten die Philister ihren besiegten Feind weg. Manchen Fußtritt, manchen Schlag mag man dem Gebundenen versetzt haben! Viele mögen sich bitter gerächt haben an dem Wehrlosen, weil er ihnen manches Leid angetan hatte. Nun konnte man endlich den Tod von Angehörigen vergelten und dem Verursacher heimzahlen, was er den Philistern zugefügt hatte.

Bitter schmecken die Folgen der Sünde! Der Teufel läßt sich gut bezahlen. Erst gaukelt er Genuß vor. Wenn sein Betrug sichtbar wird, schlägt er unbarmherzig zu. Nun mußte Simson mahlen, den Feinden seines Volkes dienstbar sein. Er mußte die Mühle drehen unter der Knute derer, die er in der Kraft Gottes beherrscht hatte. Die Hände, die den Feind in die Flucht schlugen, sind in eherne Fesseln gelegt, die Augen, die auf die Lüste der Welt schauten, sind ausgestochen. Denn wer auf das Fleisch sät, wird vom Fleisch Verderben ernten.

Ein Ausblick

Sein schweres Leiden, seine tiefe Erniedrigung, seine entehrende Behandlung und sein Tod verdankte Simson der Frau, die er liebte. Sie verrät ihn, sie liefert ihn aus, sie verursacht seine Qualen. Wenn wir das überdenken, steht ein anderer Mann vor unseren Augen. Es ist der Herr Jesus, der Messias Israels. Auch er hat die Enttäuschung, von denen, die Er liebte, verraten, verkauft und getötet zu werden, in ihrer ganzen Furchtbarkeit durchleiden müssen. Was muß Seine reine Seele empfunden haben, als man »Ihn für Seine Liebe anfeindete, als man Ihm Böses für Gutes vergalt«, wie der Psalmist dieses grausame Geschehen andeuten mußte. Viele Propheten haben auf dieses schreiende Unrecht und auf die Treulosigkeit derer, die der Herr retten und denen Er das Reich Gottes aufrichten wollte, aufmerksam gemacht.

Undank, Lieblosigkeit für erwiesene Liebe und Zuneigung,

schmerzt besonders stark. Dem Herrn Jesus blieb auch hierin gar nichts erspart. Je intensiver Er sich bemühte, Seinem Volk Hilfe, Beistand, Befreiung von Leiden und Krankheiten zu bringen, desto mehr wuchs bei den Juden die Abneigung und der Haß, der dann in Verrat und Kreuzigung gipfelte. Das tat man dem an, der als das Licht in diese Welt gekommen war, weil die Menschen die Finsternis mehr liebten als das Licht. Ihre Werke wurden in Seiner Gegenwart offenbar. Seine Zeitgenossen sahen den gewaltigen Abstand zwischen ihnen und dem heiligen, reinen Gottessohn. Doch der Herr Jesus kannte ihre Einstellung; Er ertrug alles, weil Er gekommen war, um Sein Leben als Lösegeld zu geben. Er konnte von sich sagen: »Größere Liebe hat niemand als diese, daß jemand sein Leben läßt für seine Freunde.« Wie ergreifend ist Seine Liebe zu denen, die Ihn verrieten und verkauften!

Und wie stehen wir als Erlöste zu dieser Liebe? Verwirklichen wir das Wort: »Wir lieben, weil er uns zuerst geliebt hat«? Hängen wir Ihm in Dankbarkeit an? Ist unser Leben der Beweis, daß wir den Herrn Jesus über alles stellen und ihn in wahrer Dankbarkeit ehren? Wie traurig, wenn wir ihn enttäuschen würden! Er sucht unsere ungeheuchelte Liebe, die ganze Echtheit unserer Hingabe an Ihn, den Geliebten. Untreue, Weltform und das Spielen mit der Sünde ist Verrat am Herrn. Auch für uns kann es nur heißen: Wehret den Anfängen, wenn die Sünde lauert, wenn der Feind verführerisch winkt und lockt mit den Angeboten dieser Welt. Wenn wir uns über Delilas Tat aufregen, wenn wir ihr Tun als abstoßend empfinden, wollen wir bedenken, wie leichtfertig auch wir oft mit den Gefahren in dieser Welt spielen und wie schnell wir unseren Herrn, der sich für uns zu Tode geliebt hat, verraten oder verleugnen.

Ein Sklave der Philister

Welch ein grauenvoller Wechsel war im Leben Simsons eingetreten. Einst ein Herold des Höchsten, jetzt ein Dasein in

156

tiefster Erniedrigung! Einst der Schrecken der Feinde Gottes, jetzt deren gedemütigter Knecht! Einst ein Sieger in der Kraft Gottes, jetzt ein schwacher Mensch an der Mühle seiner Gegner! Einst in der seligen Gemeinschaft, mit seinem Gott, jetzt ein Unterdrückter, der mit belastetem Gewissen das Hohngelächter seiner Feinde ertragen muß! Einst in Freude und Freiheit, jetzt ein unglücklicher Gefangener! Einst ein Gottgesalbter, jetzt ein Mann, den die Sünde ruiniert hat! Die Lüste des Fleisches haben Simson diese Fesseln angelegt. Seine Selbstsicherheit hatte sich eingebildet: Mich kann niemand zur Strecke bringen, ich meistere stets mein Schicksal! Was ist aus seiner Fehleinschätzung geworden? Gebunden, blind und kraftlos muß er eine Mühle drehen, damit seine Feinde Brot backen können. Simsons traurige Lage bezeugt: »Die Sünde ist des Menschen Verderben.«

Ernst und wichtig sind auch für Gotteskinder diese Warnungen. Weil das beschämende Gemälde von Simson durch den Geist Gottes aufgezeichnet wurde, wollen wir uns der Schwachheit unseres Fleisches bewußt bleiben und mit dem Dichter beten:

Du weißt es, Herr, wie schwach ich bin,
Und du verstehst mein Flehen.
Du hilfst mir, ja, dein treuer Sinn
Läßt nie mich hilflos stehen.
Denn immer wieder sehe ich,
Wie sehr, o Gott, du liebest mich,
Mein Schutz, mein Trost, mein Leben.

Simsons Buße und Gottes Güte

In Römer 5 lesen wir: »Wo die Sünde überströmend geworden, ist die Gnade noch überschwenglicher geworden.« Diese Tatsache wird nun im Leben Simsons sichtbar. Gott läßt Seinen gefallenen Knecht nicht in seinem Elend allein, schon gar nicht den Feinden als Gegenstand ihres Triumphes. Eine Wende bahnte sich an. Die innere Einkehr Simsons führte zur Abkehr von ihm selbst und zur Hinkehr zu dem erbarmenden Gott. Der Neubeginn wird mit einem göttlichen »Aber« eingeleitet. »Aber das Haar seines Hauptes begann wieder zu wachsen, sobald es geschoren war.« In diesem so selbstverständlich klingenden Vers liegt ein tiefer Sinn. Natürlich wachsen Haare nach dem Scheren weiter, doch in diesem Ausspruch deutete sich die große Umkehr im Leben des Gottgeweihten an. Da war innerer Zerbruch, Reue, Buße, Erkenntnis der Schuld und Bekenntnis der Sünde vor Gott. Das göttliche Diktat in der Bibel geht nicht näher auf die Seelenübungen dieses Mannes ein. Was er durchlitten hat, ist nicht zu beschreiben. Versetzen wir uns einmal in seine Lage, dämmert es uns, was dieser Mann Gottes ertragen hat. Der Schmerz an den durchstochenen Augen nagte an ihm, auch die harte körperliche Arbeit erforderte viel Stehvermögen. Doch was war das alles gegen die Vorwürfe der Seele, gegen Simsons Gewissensnot. Der von Gott einmal so reich Beschenkte hat seine Untreue, seine Undankbarkeit, seinen Leichtsinn in ganzer Tiefe empfunden und durchkämpft. Da war kein Zeugnis der Kraft Gottes mehr; Simson hatte seinen Gott verleugnet und Ihm Schande bereitet. Der jetzige Zustand des Gottgeweihten verdunkelte die Meinung des Menschen über den Gott Israels, sein Ansehen war beschmutzt worden.

Keiner wird das tiefer empfunden haben als der Knecht Gottes selbst. Seinem Auftrag hatte er in keiner Weise mehr entsprochen. Simson hatte den Feinden Anlaß zur Verhöhnung des Gottes Israels gegeben. Das lag nun auf diesem Unglücklichen. Wie wird er geweint, gerungen und sich selbst verurteilt haben! Die bittersten Vorwürfe brachen auf in seinem Herzen, und immer wieder wird er sich an den gewandt haben, der allein Sünden vergibt und dessen Barmherzigkeit und Gnade zur Vergebung bereit ist. In seiner letzten Glaubenstat wird dann deutlich, daß Simson in dem Verzeihen Gottes ruhte.

Die Sünde verspricht viel, aber sie hält ihr Versprechen nicht, sondern der Gefallene muß teuer bezahlen: »Der Wahn ist kurz, die Reue ist lang!« Und die Narben bleiben immer.

Aber Simson lehrt uns, daß es gottgemäße Buße und Umkehr gibt. Aus falscher Scham sollten wir sie nicht aufschieben; das ist verhängnisvoll. Schnell tritt bei uns eine innere Verhärtung ein. Der Feind ist einfallsreich mit teuflischen Einfällen, um unsere Seele einzuschläfern und unser Gewissen zu beruhigen: »So schlimm war das doch gar nicht! Die anderen machen es genau so! Einmal ist keinmal! Etwas muß man sich doch erlauben können« — und wie die Einwände noch heißen mögen. Diese Taktik ist gefährlich. Wir wollen es über eine begangene Sünde nie Nacht werden lassen, sondern sofort, wenn uns ein Unglück unterlaufen ist, die Sache vor Gott bereinigen. »Buße« heißt nie »büßen«, sondern im Seelenschmerz aufdecken und bekennen. Gott ist treu, und in Seiner Gerechtigkeit vergibt Er um Jesus willen, der unsere Sünden an Seinem Leib gesühnt hat.

Die Festfeier der Philister

»Und die Fürsten der Philister versammelten sich, um ihrem Gott Dagon ein großes Schlachtopfer zu opfern, und um ein Freudenfest zu feiern; denn sie sprachen: Unser Gott hat Simson, unseren Feind, in unsere Hand gegeben.«

In diesen Worten erkennen wir die eigentliche Tragik der Sünde Simsons. Wenn man auch ihn selbst unschädlich gemacht hatte, lag doch in seiner Niederlage eine Verunehrung des Gottes Israels. Ihr Gott Dagon hatte nach Ansicht der Philister den Gott Israels besiegt. Sie priesen dafür ihren Gott und brachten ihm Dank- und Freudenopfer dar. Hierin lag eine Verhöhnung des Herrn, die in der Sünde Seines Geweihten ihre Ursache hatte. Wir können die Freude der Philister nachempfinden, wenn wir uns vor Augen führen, daß ein Mann, der zwanzig Jahre lang ihre ganze Nation in Angst und Schrecken versetzt hatte, unschädlich gemacht werden konnte, nachdem er sich so lange vielen Versuchen der Verhaftung entziehen konnte. Viele Niederlagen hatte dieser Simson im Auftrag seines Gottes seinen Feinden beigebracht. Wir haben von neun hervorragenden Kraftakten Simsons gelesen. Wie viele weitere Taten er noch ausgeführt haben mag, wissen wir nicht. Unmöglich scheint uns, daß Gott Seinen Kämpfer in der übrigen Zeit, über die nichts berichtet ist, untätig bleiben ließ. Nun hatten die Philister den Verderber ihres Volkes blind und in Fesseln beim Drehen der Mahlsteine.

In Schwachheit gekreuzigt

Neben dem durch Selbstverschuldung schuldig gewordenen und wehrlos gebundenen steht ein anderer Mann vor uns, unser geliebter, wunderbarer Herr und Heiland. Er war der völlig Unschuldige, der gebunden, wehrlos sich von Seinem Geschöpf schuldig sprechen ließ. Als Er am Schandholz hing, wurde dieser Unschuldige tatsächlich für uns schuldig. Alles, was an Sünde und Schuld auf Erden sich angehäuft hatte, nahm Er auf sich und sühnte den Schmutz der Menschen. Seine Ankläger verhöhnten Ihn, den Gott des Himmels und der Erde. Für sie war es ein Freudenfest, als sie diesen Mahner, der die Kraft Gottes vollkommen offenbart hatte, annageln konnte. Ihr Haß gegen ihren Messias war selbst dann noch nicht erloschen, als der Herr Jesus zwischen den Verbrechern am Kreuz hing. Spottend forderten sie Ihn auf, Seine Gottessohnschaft unter Beweis zu stellen und vom Holz herabzusteigen. Wer aber hätte einer Menschheit helfen können, wenn das mittlere Kreuz leer geworden wäre? Gott hätte die ganze sündige Kreatur in eine Riesensonne schleudern oder in den tiefsten Schlund des Abgrundes fahren lassen müssen.

Der Tod Jesus war in den Augen des Teufels eine Niederlage Gottes. Der in »Schwachheit Gekreuzigte« wehrte sich nicht! Er verteidigte Seine Unschuld nicht, Er bewies Seine Gottheit nicht, also mußte Er der Lästerer sein, als den man Ihn verurteilte! Wie blind, wie armselig unwissend ist doch das Urteil der Welt! In der scheinbaren Niederlage lag der glorreiche Sieg, den in der Auferstehung des Herrn Jesus die Kraft Gottes bewiesen hat. So begegnet Gott immer der Torheit des Menschen! Die scheinbare Niederlage ist der wirkliche Sieg Gottes zu Seinem Ruhm und Seiner Herrlichkeit. Das gilt auch für die Verkündigung des Evangeliums, denn dessen Inhalt ist immer das »Wort vom Kreuz«, diese Torheit in den Augen der Welt. »Uns aber«, schreibt Paulus in 1. Korinther 1 »ist es Gottes Kraft und Gottes Weisheit«. »Denn das Törichte Gottes ist weiser als die Menschen, und das Schwache Gottes ist stärker als die Menschen.« Im 2. Kapitel führt er aus: »Meine Predigt war nicht in überredenden Worten der Weisheit, sondern in der Erweisung des Geistes und der Kraft, auf daß euer Glaube nicht auf Menschenweisheit beruhe, sondern auf der Gottes-Kraft!« Somit ist das Kreuzesopfer Jesus nicht nur zu unserer Erlösung, sondern auch zur Bloßstellung aller menschlichen Klugheit, Weisheit und Intelligenz, zur absoluten Niederlage des Teufels und seines gesamten Anhangs, sowie zum wunderbaren Sieg über Sünde und Tod.

Im scheinbaren Versagen, in der scheinbaren Niederlage wird die göttliche Weisheit in einmaliger Weise sichtbar. Wenn die Menschen johlen und aus Freude über ihren vermeintlich gelungenen Sieg Freudenfeste feiern, bricht die ganze Lächerlichkeit ihres Tuns auf, wenn Gott antwortet und Seine Weisheit offenbart. Paulus schreibt: »Hätten die Fürsten dieses Zeitlaufes den Herrn der Herrlichkeit wohl gekreuzigt, wenn sie ihn erkannt hätten?« Unmöglich! Sonst hätten sie einsehen müssen, daß die Kreuzigung des Sohnes Gottes im Plan Gottes lag und nur im Erlösungswerk die Gedanken Gottes mit dieser Schöpfung verwirklicht werden konnten. Ihre Unwissenheit stellte die Feinde Gottes in seinen Dienst. Gerade das, was die verblendeten Menschen verhindern wollten, mußten sie durchführen. Selbst der Teufel mit seinen Helfern muß dazu beitragen, die Pläne des Höchsten zu verwirklichen. So wird die Weisheit dieser Welt zur Torheit! Wie Simsons Niederlage in einen gewaltigen Sieg über die Philister mündete, wird dem in Schwachheit gekreuzigten Jesus in der Vollendung der Zeiten die ganze Schöpfung zu Füßen liegen. Sein Sieg und Triumph wird in der erneuerten Welt zur größten Festfeier aller Zeiten führen.

Alle Völker werden Gottes Weisheit bewundern und ihn staunend anbeten.

Simsons erneute Demütigung

»Unser Gott hat Simson, unseren Feind, in unsere Hand gegeben... und den Verheerer unseres Landes und den, der unserer Erschlagenen viel machte.« Die Philister atmeten auf, sie hatten allen Grund, ein Freudenfest zu feiern. Es mußte ein glänzendes Fest werden. Eine große Menge war beisammen, und man erinnerte in gebührender Weise an den großen Sieg über den Feind ihres Volkes. So blieb es nicht aus, daß alle den Mann zu sehen verlangten, der sie über viele Jahre in Angst und Schrecken versetzt hatte: »Und es geschah, als ihr Herz fröhlich war, da sprachen sie: Rufet Simson, daß er vor uns spiele. Und sie riefen Simson aus dem Gefängnis, und er spielte vor ihnen.«

Welch eine Demütigung! Der besiegte Simson steht in völliger Hilflosigkeit in der Mitte seiner Feinde. Er ist die Zielscheibe ihres Hasses und Spottes! Der Nasiräer, der Gottgeweihte, der in der Kraft des Geistes Gottes Unmögliches vollbracht hat, wird gezwungen, seine Gegner mit Spielen zu erheitern. Unter ihrem Hohngelächter mußte er zur Belustigung seiner Feinde beitragen.

War es eine Harfe, eine Zither oder ein anderes Instrument, daß Simson spielen mußte? Wir wissen es nicht! Jedenfalls hatte er zum Vergnügen der Versammelten beizutragen. Was muß in diesem Knecht Gottes vorgegangen sein? Er, der selige Gottesgemeinschaft gekostet hat, muß die Folgen seines falschen Weges bis ins letzte auskosten. Gott ließ das zu. Aufrichtige Buße war sein Ziel. Nie aber würde Gott Seinen Gesalbten preisgeben, nie ihn länger als nötig diesem Gespött aussetzen. Alle Übungen der Gläubigen sind genau nach Dauer und Gewicht von Gott berechnet. Er, der keinen Fehler macht, sitzt auch im Regiment, wenn die Welt sich in größter Sicherheit wiegt und meint, ungestraft die Geliebten des Herrn verlachen zu können. Auch hier führte der

Höhepunkt des Festes, als das Herz der Philister fröhlich war, zu ihrem Untergang. Gott sieht Seinen Knecht, und Sein Herz fühlt mit ihm. Die Feinde Gottes sollen ihr teuflisches Spiel nicht zu Ende führen können. »Wenn die Stunden sich gefunden, bricht die Hilf' mit Macht herein!« Gott läßt sich und die Seinen nicht ungestraft verspotten.

Viele machthungrige Despoten haben das gewagt und sind elend im Gottesgericht umgekommen. Nebukadnezar glaubte nach Willkür über das Volk Gottes herrschen zu können. In seinen wahnwitzigen Erlassen wollte er bestimmen, was der einzelne zu glauben hätte. In seiner Selbstüberschätzung ließ dieser König von Babylon ein goldenes Standbild errichten, vor dem jeder niederfallen mußte, um es anzubeten. Wer dem Aufruf nicht Folge leisten würde, sollte in einen Feuerofen geworfen werden. Die drei Mitgefangenen Daniels, die sich weigerten an diesem Götzenkult teilzunehmen, wurden in den glühenden Ofen geworfen. Sie kamen nicht um, sondern machten die herrlichste Glaubenserfahrung. Der Herr war bei ihnen auch in diesem Ofen. Ohne einen Geruch von Brand gingen sie unversehrt aus dieser Glaubensprobe hervor. Anläßlich eines ähnlichen Diktates landete Daniel in einer Löwengrube; doch der Herr verstopfte den Rachen der Bestien und ließ nicht zu, daß Seinem Knecht auch nur ein Haar gekrümmt wurde. Als dieser vermessene König dann auf der Mauer seiner Stadt Babel sich voller Hochmut seiner Macht rühmte, überfiel ihn der Wahnsinn. Gott schlug ihn, und sieben Jahre mußte er unter wilden Tieren hausen und von deren Nahrung leben. Dann endlich demütigte sich der Monarch in tiefer Buße vor Gott, und Gott heilte ihn.

Wo ist ein Nero hingekommen, der im Rausch seiner Feste sich an den Erlösten vergriff, sie als lebende Fackeln in seinem Lustpark verbrennen und auf unmenschlichste Art umbringen ließ? Im Wahnsinn verbrachte er seine letzen Jahre, bis man ihn schließlich umbrachte, und er in den Tiefen des Gottesgerichts versank. Wo sind sie, jene Machthungrigen, die mordend und plündernd die Welt durchzogen, die ihre Umgebung in Angst und Schrecken versetzten, die sich in tausendfacher Weise an ihren Mitmenschen schuldig machten? Wo sind Alexander der Große und Napoleon geblieben? Wo jene Waghalsigen, die sich über den Gekreuzigten lustig machten? Wo die religiösen Fanatiker, die dem einfachen Volk aufzwangen, was sie zu glauben hatten, deren Hände vom Blut der Gequälten und Gemordeten gerötet waren, die in den Ketzergerichten Unschuldige mordeten, Hexen verbrannten und mit Greueltaten im angeblichen Auftrag Gottes befleckt dem ewigen, gerechten Richter einmal begegnen müssen?

Alle sind vergangen! Ihre Namen werden kaum noch oder nur mit Grauen genannt! Einer ist Sieger geblieben! Einer steht mit Seinen durchgrabenen Händen und hält das Siegespanier hoch: der Sohn des lebendigen Gottes, der Erlöser, der kommende Richter der Welt. Gegen Ihn, den Sieger von Golgatha, richtete sich der Haß der Menschen. Doch bald werden alle zum Schemel Seiner Füße gelegt, und gezwungen, Ihm als dem Herrn aller Herren zu huldigen.

Simsons Kraft kehrt zurück

Mit dem Wachstum der Haare, dem äußeren Zeichen seiner Gottesweihe, gesundete auch das Innere Simsons. Die Gemeinschaft mit seinem Gott war wiederhergestellt. Der Geist Gottes konnte sich in Simson wieder frei entfalten und seine Kraft unter Beweis stellen. Die Feinde ahnten nichts von der wiederherstellenden Gnade, die bei Simson ihre Wirkung erreicht hatte. »...und sie stellten ihn zwischen die Säulen«, heißt es im biblischen Bericht. Das wurde der Platz, der zum Untergang der Philister führen sollte. Gott bereitete Seinem Knecht den Weg, der zur Erfüllung Seiner Pläne dienen mußte. Wer von den Philistern hätte ahnen können, daß Simson wieder aus der geheimen Kraft Gottes lebte und handelte. Das ist in unseren Tagen das »Geheimnis der Gottseligkeit«, ein Leben in Geistesfülle! Wir können auch sagen: »Dem Glaubenden ist alles möglich!«

Diese Belehrungen sind so notwendig! Bei der Beachtung

der Hinweise, die uns die Bibel gibt, verlieren wir unsere Ängstlichkeit. Wir werden uns stets neu bewußt: Nicht wir sind die Handelnden, sondern der Herr, der durch Seinen Geist für jede Aufgabe die Ausrüstung schenkt. Haben wir durch Untreue, durch Eigenmächtigkeit in unserem Wirken, gesündigt, kann nur tiefe Buße, ein innerer Zerbruch, zur neuen Geistesfülle führen. Ist diese Fülle nicht vorhanden, sind unsere Bemühungen, dem Herrn zu dienen, Seelen für Ihn zu gewinnen, aussichtslos.

Wir wollen von Simson lernen, daß nur in der wiedergewonnenen Kraft Gottes Siege zu erringen sind. Der verborgene Umgang mit dem Herrn bedeutet, daß wir an der einzigen Kraftquelle sitzen; und das ist die Vorbedingung für einen fruchtbaren Dienst.

Simsons letzter Kraftakt

»Und Simson sprach zu dem Knaben, der ihn bei der Hand hielt: Laß mich, daß ich die Säulen betaste, auf welchen das Haus ruht, und mich an sie lehne. Das Haus aber war voll Männer und Frauen, und alle Fürsten der Philister waren daselbst; und auf dem Dach waren bei dreitausend Männer und Frauen, welche zusahen, wie Simson spielte.«

Eine für die Philister unheimliche, gefahrvolle Lage hatte sich zugespitzt! Unser Bibeltext enthält drei bedeutungsvolle Punkte:

1. Simson rüstet sich zu der bedeutungsvollsten Tat seines Lebens.

2. Die ahnungslosen Philister berauschten sich an ihrem Sieg über Simson.

3. Der Tod, dieser unheimliche Despot, kommt oft ganz plötzlich.

Simsons Plan liegt fest. Gott hat ihm die innere Sicherheit wiedergeschenkt. Wir stehen staunend vor diesem heroischen Glauben des Gottesmannes. Er weiß, meine Todesstunde steht bevor; meine letzte Tat, dieses Gericht an den Philistern, bringt auch mir den Tod. Schreckt er vor diesem Gedanken zurück? Gab es wirklich keinen anderen Ausweg aus seiner Lage? Er hatte doch seine alte Kraft zurück, in der er mit einem Eselskinnbacken Tausende erschlagen konnte. Warum wählte er gerade diesen Weg, der ihn selbst das Leben kosten würde?

Fragen über Fragen, die uns niemand beantworten kann. War Simson lebensmüde? Hatte die Blendung seiner Augen ihn so deprimiert, daß er resignierend verzweifelte? Wir wissen es nicht! Auf alle Fragen dürfen wir aber erwidern: Simson ruhte in seinem Gott! Die innere Überzeugung der Richtigkeit seines Handelns war göttliche Offenbarung. Gott leitete Seinen Knecht wieder voll und ganz. Zum Gehorsam zu diesem merkwürdigen Weg Gottes hatte Simson sich innerlich durchgerungen. Welch eine Gnade, die einen Diener bereit sein läßt, im Streit für seinen Herrn das Leben zu opfern. Das ist das Höchste, was Gott von einem treuen Knecht erwarten kann. Viele Märtyrer haben ihr Leben eingesetzt. Sie trotzten allen Drohungen von grausamen Machthabern. Paulus war bereit, auch sein Leben für das Evangelium einzusetzen. Er, Petrus, Jakobus und viele andere ehrten den Herrn mit diesem größten aller Opfer.

In die Reihe dieser Glaubenshelden gehört auch Simson, dem Gott einen Platz unter diesen Bevorzugten des Alten Testamentes einräumt. Simson hat sein Leben nicht geliebt als teuer für sich selbst.

Die Gerichtsvorbereitung Gottes traf der Nasiräer, als die Philister im ahnungslosen Rausch ihres Freudenfestes sich austobten. Der Gegenstand ihrer Feier bereitete ihren Untergang vor! Noch war Simson die Zielscheibe ihres Hasses, ihrer Abneigung und ihres Spottes, doch die drohenden Gerichtswolken zogen bereits über den Versammelten auf. Der Tod würde schnell sein schreckliches Werk beginnen: das ist seine Taktik, daß er sich selten vorher anmeldet. In der Überraschung liegt seine Tücke und Grausamkeit.

Erschreckend ist die Sorglosigkeit des Menschen. Nichts ist ihm sicherer als der Tod, und doch lebt er, als wäre seine Bleibe ewig auf Erden.

Den Ernst seiner Lage überspielt der Tor, denn der Gedanke, einmal sterben und vor dem Tribunal seines Richters erscheinen zu müssen, ist ihm unangenehm und paßt nicht in sein Konzept. Darum zieht der Mensch es vor, im Rausch von Freudenfesten Vergessenheit zu suchen. Man will doch »etwas« vom Leben haben, obgleich dieser Selbstbetrug nicht lange anhält. Das »Etwas« löst sich schnell in Luft auf, weil die vermeintlichen Freuden verfliegen wie Nebel vor der Sonne. Wer diese Täuschung erkannt hat, gibt der Bibel recht: »Eitelkeit der Eitelkeiten, alles ist Eitelkeit, ein Haschen nach Wind.« Der Tod warnt nicht, er greift mit kalter Hand in das angebliche Lebensglück und zerstört alles, auch die traumhaften Pläne, Ziele und Ideale. Wenn wir aber den Tod als Realität im täglichen Leben einkalkulieren und uns auf ihn einstellen, sind wir gut beraten. Solche sind vorbereitet, wenn der König der Schrecken kommt. Sie haben sich in Jesus, ihrem Erlöser, geborgen. Denn Er hat dem Tod die Macht und den Schrecken genommen. Am Kreuz hat Er ihn besiegt und alle von Todesfurcht befreit, die an Ihn glauben.

Wehe aber denen, die wie die Philister sorglos den Freuden dieser Welt nachjagen! Sie werden plötzlich überrascht werden. Kaltes Entsetzen wird sie überfallen, denn der für viele Gegenstand des Spotts und der Verhöhnung war, fordert nun Rechenschaft über jedes Wort und jede Tat. Wichtig ist eine rechtzeitige Umkehr, ein Rufen um Gnade und Vergebung! Wer den Erlöser Jesus Christus annimmt, erlebt, wie sein Richter jetzt sein Retter ist.

Nur durch diese Entscheidung kann jeder vor der Überraschungstaktik des Todes bewahrt werden. Wohl allen, die bereit sind, wenn der Herr ruft, die in Ihm geborgen sind, zu denen Er ganz persönlich sagt: »Wer an mich glaubt, hat ewiges Leben, er kommt nicht ins Gericht, denn er ist aus dem Tod (= aus dem Getrenntsein von Gott) in das Leben hinübergegangen.«

Simsons letztes Gebet

»Und Simson rief zu dem Herrn und sprach: Herr, Herr! gedenke doch meiner, und stärke mich doch nur diesmal, o Gott, damit ich an den Philistern Rache nehme für meine beiden Augen!«

Der so schwer Gezeichnete »rief« zu Gott! Er wandte sich in innerem Schreien an den, der seine Kraft und Stärke gewesen war von Jugend an. Simson legte unvorstellbare Not in seine Worte, mit denen er um Beistand rief. Seine hoffnungslose Lage war ihm bewußt, auch war er zum Sterben bereit. Doch er wußte sich hilflos ohne das Erbarmen, die Gnade und die Hilfe seines Gottes. Sein Rufen bewies aber auch seine innere Zurechtbringung. Sein Leben war geordnet, und er wartete auf das »Ja« seines Herrn, ohne den er nichts vermochte.

David berichtet oft von seinem Schreien zu Gott. Er konnte bezeugen: »Und als ich zu ihm schrie, hörte er.«

Das Rufen Simsons ist auch vergleichbar mit dem Schreien der Kinder Israel am Roten Meer. Sie sahen keinen Ausweg, als Pharao mit seiner Heeresmacht heranstürmte. Sie schrieen zu Mose, und Gott schaffte den Ausweg. In Psalm 18,7 lesen wir: »In meiner Bedrängnis rief ich zu dem Herrn, und ich schrie zu meinem Gott; er hörte aus seinem Tempel meine Stimme, und mein Schrei vor ihm kam in seine Ohren.«

Beim Hilferuf des Nasirs denken wir ebenfalls an den Entsetzensschrei Hesekiels. Als er den Untergang Jerusalems sah, »fiel er nieder auf sein Angesicht und schrie und sprach: Ach Herr, Herr! willst du den ganzen Überrest Israels verderben, indem du deinen Grimm über Jerusalem ausgießest?«

Höchste Entschlossenheit, ganze Hingabe lag in solchem Rufen. »Herr, gedenke doch meiner!« Wer kennt diesen Notschrei nicht aus seinem Leben? Kann der Herr die Seinen überhören? Unmöglich! Was Er vergessen hat, sind unsere Sünden! Das hat Er uns versprochen: »Deiner Sünden und Gesetzlosigkeiten werde ich nie mehr gedenken!« Doch für unsere Nachfolge dürfen wir sicher wissen: »Könnte auch eine Frau ihres Säuglings vergessen, ich werde deiner nicht vergessen. Siehe, in meine beiden Handflächen habe ich dich eingezeichnet!«

Gewaltige Gegensätze werden in unserem Text sichtbar: Alle Philister, die vielen Tausende schrien zu Dagon, ihrem Götzen. Einer rief zu seinem Gott, von dem allein Hilfe kommen konnte. Simson hatte die richtige Verbindung; er weiß um das Vorrecht, beten zu können und dürfen. Wohl allen, die gelernt haben zu beten, zu flehen, zu rufen und zu schreien.

Gebet gehört zum täglichen Ablauf unseres Lebens. Der Ausspruch: »Beten ist das Atmen der Seele«, hat seine Berechtigung. Gewiß lehrt auch Not beten, aber Menschen, die den beglückenden Kontakt mit ihrem Herrn pflegen, werden nie ängstlich eilen, denn sie ruhen in der Liebe Gottes.

Simsons »Gedenke meiner, Herr« ist uns vertraut vom Ruf des Schächers am Kreuz. Auch er wandte sich nicht vergebens an Jesus Christus, sondern erhielt die wunderbare Antwort: »Heute wirst du mit mir im Paradies sein!« So unvorstellbar groß ist die Gnade Gottes. Denn wer den Namen des Herrn anruft, wird errettet werden!

Alle riefen zu Dagon, doch ein Götze bleibt immer stumm. Das war ja auch nur ein lächerliches Machwerk eines Menschen. Wir dürfen zu dem allmächtigen Gott rufen, der das Weltall trägt. Welch ein Vorrecht! »Er wird segnen, die den Herrn fürchten, die Kleinen und die Großen« (Ps. 115, 12). »Stärke mich doch nur diesmal!« Simson war sich seiner eigenen Schwachheit bewußt. Er verstand: »Mit eig'ner Kraft ist nichts getan, wir sind schon bald verloren. Es streit für uns der rechte Mann...«

Als Mensch glich er allen übrigen, doch als Beauftragter in der Kraft Gottes war ihm alles möglich. »Herr, stärke mich«! das war der Ruf eines Knechtes, der auf seinen Gebieter wartete und Ihm grenzenlos vertraute.

Solche Abhängigkeit, das stille Warten auf Gottes Stunde, das Harren auf Sein Eingreifen ist die Haltung einer ihrer Ohnmacht bewußten Seele. Jede Eigenmächtigkeit ist dem Herrn verhaßt. Gott möchte uns im Alltag in diesem Aufschauen auf ihn, im festen Vertrauen auf Seine Wege wissen. »Stärke mich... damit ich Rache nehme für meine beiden Augen!« Dieser Ausruf und die Erhörung dieser Bitte könnten uns vielleicht befremden. Hat Gott nicht gesagt: »Mein ist die Rache, ich will vergelten?« Hat er seine Vorstellung geändert? Keinesfalls! Das Gebet Simsons stand in völliger Übereinstimmung mit seinem Gott. Es war keine persönliche Rache, die Simson forderte, sondern es ging ihm um die Ehre Gottes. Die Philister hatten den Knecht Gottes mißhandelt und verstümmelt; dafür veranstalteten sie ihrem Götzenbild ein Dankfest mit den üblichen Freudenopfern. Dadurch war der ewige Gott des Himmels und der Erde, der Gott Israels schmählich beleidigt worden, weil man Dagon als Sieger über Gott herausstellte. Simson brachte diese Rache kaum Genugtuung, denn sie kostete ihn das Leben; aber sein Gott offenbarte vor aller Welt Seine Herrlichkeit. Nicht ein Götze, sondern der Allmächtige blieb Sieger. Diese Gesinnung bewegte das Herz des treuen Dieners Simson, der bereit war, für die Ehre Gottes sein Leben einzusetzen.

Viel können wir von diesem Mann lernen! Selbstlos war seine Einstellung geworden, vorbildlich seine Haltung! Wenn wir diesen Glaubenshelden beurteilen, sollten wir uns im Licht Gottes prüfen, ob wir auch bereit wären, für die Ehre Gottes unser Leben zu verlieren. Simson war ein »Vielgeliebter«, dem Gott in den Aufzeichnungen Seines Wortes einen unverlierbaren Platz eingeräumt hat.

Simsons Tod

»Und Simson umfaßte die beiden Mittelsäulen, auf welchen das Haus ruhte,... die eine mit seiner Rechten und die andere mit seiner Linken; und Simson sprach: Meine Seele sterbe mit den Philistern! Und er beugte sich mit aller Kraft; da fiel das Haus auf die Fürsten und auf alles Volk, das darin war; und es waren der Toten, die er in seinem Tod tötete, mehr als derer, die er in seinem Leben getötet hatte.«

170

Im besten Mannesalter — Simson wird wohl kaum vierzig Jahre alt geworden sein — löschte Simson im Eifer für Gott sein Leben aus. Beim Lesen seiner Geschichte, besonders bei seinem vorsätzlichen Tod, wächst seine Persönlichkeit in unserer Achtung. Der Gottgeweihte stirbt für das Zeugnis seines Gottes. Seinem Volk und auch uns will er Anschauungsunterricht erteilen. Israel tat, was böse war in den Augen Gottes. Hier aber stand einer von ihnen, der bereit war, um der Ehre Gottes willen sein Leben hinzugeben. Niemals durfte der Götze Dagon mit seinem Anhang den Sieg behalten. Der allein wahre Gott, der Seine Knechte ausrüstet, sollte hoch erhoben werden am Leib Simsons, sei es im Leben, sei es im Sterben. In dieser Sterbebereitschaft Simsons liegt der wirkliche Sinn seiner kurzen Lebensgeschichte. Hiermit übertrifft Simson viele Propheten und alle Richter in Israel. Gott wollte den vielen Hinweisen auf Seinen geliebten Sohn dieses eindrucksvolle Bild noch hinzufügen.

Das gewaltige Geschehen

»Meine Seele sterbe mit den Philistern!« Diese Bereitschaft Simsons zeigt in ihrer prophetischen Auslegung nach Golgatha. Dort sehen wir den Sohn Gottes im Gehorsam zu Seinem Gott. Sein Versprechen »Vater, ich komme um deinen Willen zu tun«, fand hier volle Erfüllung. Jesus drang in das Haus des Starken und nahm ihm die Beute weg. Im Tod des Herrn Jesus besiegte Er die gesamten höllischen Mächte. Tod, Sünde und Teufel nahm Er mit in Seinen Triumph; Er beseitigte jeden ihrer Ansprüche. Nur durch den freiwilligen Opfertod des Erlösers war dieser Sieg möglich. In Seinem Tod legte der Herr Jesus die Grundlage zu Seinem Sieg. Der Götzentempel mit den Götzendienern brach zusammen, als Simson in den Tod ging. So wird auch durch den Tod des Herrn Jesus jedes gottfeindliche System seinen Untergang finden. Er hat gesiegt, und Er bleibt Sieger, bis alle Feinde zum Schemel seiner Füße liegen und freiwillig bekennen, daß Er der Herr ist zur Verherrlichung Gottes des Vaters. Schon

Hiob kündigte diesen Sieg an, als er ausrief: »Und ich, ich weiß, daß mein Erlöser lebt, und als der letzte wird er auf der Erde stehen.«

Weil der Herr Jesus gehorsam ward bis zum Tod am Kreuz, deshalb hat Gott ihn auch überhoch erhöht und ihm den kostbarsten aller Namen gegeben! Die feindlichen Mächte zog er aus. Er nahm ihnen ihre unheimliche Macht, und stellte sie als Besiegte der sichtbaren und unsichtbaren Welt zur Schau. Er feierte über sie einen Triumph; so schreibt Paulus in Philipper 2 und Kolosser 2.

Zwei Säulen umfaßte auch unser Heiland und zerbrach sie in Seinem Tod: den Teufel und den Tod, diese beiden erschreckenden Gewalten, vor denen der Mensch völlig ohnmächtig steht, hat der Herr überwunden. Sein Sterben ist so weitreichend, daß es den ganzen Plan Gottes von der Ewigkeit her bis in alle Ewigkeit hin umfaßt.

Die Feinde des Volkes Gottes gingen mit Simson in den Tod. Finden wir hier nicht eine neutestamentliche Linie? Der Siegesruf »Es ist vollbracht!« erfüllt das ganze All. Millionen und Abermillionen Seiner Feinde fanden in Seinem Tod auch ihren Tod. Waren die von Ihm Erlösten nicht alle Götzendiener, sündige Kreaturen, Menschen, die Ihn, den Heiligen und Reinen verhöhnt und verspottet hatten? Unser Herr Jesus war bereit zum Sterben, und in Seinem Tod gingen wir mit Ihm unter. Jeder Glaubende darf mit Paulus jubeln: »Ich bin mit Christus gekreuzigt, nicht mehr lebe ich, Christus lebt in mir!« Christus hat uns in Seinen Tod mit hineingenommen, um uns in Seiner Auferstehung Sein Leben zu schenken. Jeder Errettete bekennt dankbar: »Der Herr hat mich, mein verderbtes Wesen, das Gott ein Greuel war, am Kreuz beseitigt. Jesus Tod ist mein Tod; Sein Leben ist mein Leben!« Der Sünder, der Feind Gottes, der Gottlose ist durch den Tod Jesus zum göttlichen Leben durchgedrungen, er ist mit dem Christus lebendig gemacht.

Das alte »Philisterwesen«, der »alte Mensch, der durch die Lüste verdorben ist«, hat sein verdientes Ende gefunden. Leider begreifen nicht alle Christen diese Notwendigkeit unseres totalen Untergangs mit Christus. Sie flicken an sich selbst herum, sie wollen sich bessern, sich ändern und frömmer werden. Sie begreifen nicht, daß uns die Kraft dazu völlig fehlt; auch Gott versucht das nicht, weil Er keine Möglichkeit sieht, mit dieser aussichtslosen Arbeit zu beginnen oder sie zu vollenden. Darum hat Er den Retter gesandt, der diese Erneuerung für uns geworden ist auf dem einzigen Weg des Sterbens mit Ihm.

Der große Unterschied zwischen den mit Simson in den Tod gerissenen Philistern und uns in unserem Verhältnis zum Herrn Jesus besteht darin, daß wir auch mit dem Christus lebendig gemacht worden sind. Die Philister gingen im Gericht unter. Wir sind mit dem Erlöser vereint in einer glückseligen Lebensgemeinschaft. Der Wiedergeborene besitzt das Leben des Christus. »Mit dem Christus lebendig gemacht! Wer den Sohn hat, hat das Leben, wer den Sohn Gottes nicht hat, hat das Leben nicht«, belehrt uns Gottes Wort.

Eine Lehre für uns

»Durchs Sterben zum Leben, durchs Sterben zum Sieg!« Das ist eine der wichtigsten Erkenntnisse für einen Jesusnachfolger. Sieg erleben wir nur, wenn wir unser Fleisch, diese alte, adamitische Natur beständig im Tod halten. Deshalb hat uns der Bahnbrecher unserer Seligkeit mit in Seinen Tod genommen, damit wir dort unsere mitgestorbene alte Natur belassen, um nun »in Neuheit des Lebens« zu wandeln. Verwirklichen der Todesgemeinschaft bedeutet, die Lebensgemeinschaft mit dem Herrn zu genießen.

In Römer 6 schildert der Apostel Paulus diesen wichtigen Vorgang. Wir sind mit Christus unserem alten Wesen nach zusammengewachsen zu einer Todesgemeinschaft; in der Auferstehung des Christus sind wir Ihm zu einer neuen Wesensgemeinschaft auferweckt. »Wir wissen, daß unser alter Mensch mitgekreuzigt worden ist«. Weil wir das wissen, halten wir uns im Glauben an diese von uns erlebte Wirklichkeit. Darum folgt auch die wichtige Aufforderung: »Haltet euch der Sünde für tot, Gott aber lebend in Christus Jesus.«

Nun verstehen wir den Vers besser, den wir schon zitierten: »Sinnet auf das was droben ist, nicht auf das, was auf der Erde ist, denn ihr seid gestorben, und euer Leben ist verborgen mit dem Christus in Gott. Wenn aber Christus, unser Leben, geoffenbart werden wird, dann werdet auch ihr mit ihm geoffenbart werden in Herrlichkeit.« Diese Aussage in Kolosser 3, 2-4 führt uns zu der Zweckbestimmung, die Gott uns auf Grund des Opfers Jesus zugeteilt hat. In alle Ewigkeit werden wir den Tod und den Sieg des Herrn Jesus bewundern, preisen und anbeten. Er ist das Lamm, das geschlachtet worden ist und Menschen zur Verherrlichung Gottes erkauft hat.

Wenn der »Götzentempel der Philister« zusammengebrochen, wenn die gottlose Welt dem Gericht verfallen sein wird, wird Gott auf den Trümmern einer untergegangenen Welt Sein ewiges Reich bauen, in dem erneuerte Menschen die Gnade Gottes zu Seinem Ruhm besingen. Wenn doch heute noch unser Herr käme, damit nach der Entrückung der Erlösten einträfe, was der Dichter besingt:

Herrlich wirst du dann erscheinen,
Herr Jesu komm!
In der Mitte all der Deinen.
Herr Jesu komm!
Erd' und Himmel werden spenden
Ruhm und Preis an allen Enden.
O welch seliges Vollenden!
Herr Jesu komm!

Simsons Begräbnis

»Da kamen seine Brüder und das ganze Haus seines Vaters herab und hoben ihn auf; und sie gingen hinauf und begruben ihn zwischen Zorha und Eschtaol, im Grabe Manoahs, seines Vaters. Er hatte aber Israel zwanzig Jahre gerichtet.« Mit stiller Wehmut nimmt man diese Worte zur Kenntnis. Wieder hatte ein Zeuge der Gnade Gottes die Schaubühne dieser Welt verlassen. Im Richterbuch haben wir eine traurige Zeit des Niedergangs im Volk Gottes. Simson, der letzte Richter Israels, ließ uns einen erschütternden Einblick in die gleichgültigen Herzen seiner Volksgenossen tun. Alle Haushaltungen Gottes zeigen ähnliche Entwicklungen; alle endeten und enden im Gottesgericht. Immer wenn Gott einen Neuanfang mit dem Menschen versuchte, ging es allmählich aber stetig nach einiger Zeit abwärts. Auch das Richterbuch endet in einem erschreckenden Tiefstand des Volkes Gottes. Doch Gott läßt Sein Werk nicht untergehen. Nach den Richtern kommt es wieder zu einem Neubeginn, über David und Salomo auch zu einem gewissen Höhepunkt. Wir leben in der Haushaltung der Gnade. Über das Ende dieser Zeit schreibt Paulus an Timotheus: »Die letzten Zeiten werden schwere Zeiten sein.« Es folgt ein erschreckendes Gemälde der Menschheitsentwicklung. Ein furchtbares Gericht wird die Konsequenz des Eingreifens Gottes sein. Doch dann erleben die Menschen endlich das heiß ersehnte Ziel aller Wege des allweisen Gottes: Ein Reich des Friedens bricht an und mündet nach einer letzten Rebellion des Menschen in die Neuschöpfung ein, in der nur erneuerte, vom Geist Gottes erfüllte Wesen leben werden. Gott macht alles neu, Schöpfung und Menscheit. In seliger Harmonie wird sich die ganze Kreatur an der geoffenbarten Gottesfülle erfreuen. Alles wird Frieden atmen. Disharmonie kann nicht mehr aufbrechen. Alle werden ihm zujubeln, weil Er der alten Welt das Ende brachte und auf der von Ihm gelegten Grundlage seines Wortes auf Golgatha die Neuschöpfung schaffen konnte.

Noch ist es nicht so weit. Noch singen wir Heimat- und Sehnsuchtslieder. Noch teilen auch die Gotteskinder das Los aller Menschen. Simson mußte im besten Mannesalter diese Erde verlassen. Andere werden vielleicht älter, doch keinem bleibt der letzte Gang erspart, es sei denn, der von uns erwartete Heiland kommt und holt uns heim. Eines aber ist tröstend: Gott kommt nie in Verlegenheit! Muß ein Knecht des Herrn abtreten, geht Gottes Werk doch weiter. Ersatz hat der Herr immmer. Auf Wesleys Grabstein steht: »Gott begräbt seine Arbeiter, aber seine Arbeit geht weiter!«

Oft gleicht das Ende dem Anfang: Simson begann seine Aufgabe zwischen Zorha und Eschtaol, und hier endete sie auch: hier begrub man ihn. Er wartet nun mit allen Gottesknechten und Erlösten auf die erste Auferstehung und den Eingang in das Reich Gottes.

Wir freuen uns, wenn wir einmal diesen Glaubensmännern im Friedensreich begegnen werden. Jeder einzelne hatte seine Lebensgeschichte, aber jeder wird nur das eine wollen: Gottes Erbarmen, Gottes Langmut, Liebe und Gnade rühmen:

> Ein jeder seine Harfe bringt,
> und sein besond'res Loblied singt!